進入禪定的第一堂課

超越觀呼吸

德寶法師 Bhante Henepola Gunaratana◎著
施郁芬◎譯

Beyond Mindfulness in Plain English

目次

英文版序

一九七〇年代，有許多老師將內觀禪修（毘缽奢那，Vipassana）帶到西方，之後內觀便廣爲流傳。內觀的其中一部分，即是現在已聲名卓著的「正念」修行。一九八〇年代，有許多學生想要找一本清楚介紹正念修行的書，但他們找得到的多是學術性的書籍，不太適合一般大眾。因此，我寫了《平靜的第一堂課——觀呼吸》（*Mindfulness in Plain English*，二〇〇三年，橡樹林文化出版），那是一本關於正念修行的方法以及基本原則的「工具書」。那本書如同現在這本，是以明確易懂的語言寫給一般人看的。

當「正念」、甚至「內觀」的名聲愈來愈家喻戶曉，且其修行方法也廣受注重之時，相對地，深入專注的禪修（止禪）——奢摩他，則顯得較不受注重。事實上，大多數人認爲那是一種禪修的奧運，只適合住在山洞或寺廟中的非凡人士修行，遠非一般忙於日常生活的「正常人」所能及。

在本世紀的頭十年，大家的興趣似乎轉向了專注之道（定）。這是件好事，因爲它眞正是與內觀禪修、正念之道平行且相輔相成的，兩者彼此纏繞而互相支持。兩千多年來，這兩條道路（止、觀）被編整及精確化為平行之道，這有很好的理由：它們各自管用，而且在合用時效果最好。事實上，這兩者是一體的。真相是，佛陀並未把止、觀當作兩個個別的系統來教導。佛陀給我們的是一條禪修之道，一套能夠解脫痛苦的工具。

本書旨在提供禪修者一本清楚易懂的禪修手冊，將專注禪修的途徑盡量以步驟化的方式鋪陳出來。此外，本書也假設讀者已經讀過《平靜的第一堂課——觀呼吸》或類似書籍，也已經開始修習正念，並準備好要更進一步——超越正念。

關於本書的架構，在此略作說明：整本書從頭到尾，尤其在詳細談到禪那（jhanas）的部分，我引用了很多巴利經句。巴利經典是我們所保有的佛陀直接教導之最佳紀錄。由於本書並非學術著作，所以沒有附加註腳。然而，我想感謝多位傑出的譯者：菩提比丘（Bhikkhu Bodhi）、向智尊者（Nyanaponika Maha Thera）、髻智比丘（Bhikkhu Nanamoli）、John D. Ireland，以及 Gil Fronsdal，我在本書中採用了他們的翻譯。此外有些是我自己的翻譯，還有許多是出自髻智比丘翻譯覺音尊者（Buddhaghosa）所著的《清淨道論》（*Visuddhimagga*）。最後一個說明是：任何研讀都有一個必要部分，就是基本詞彙。本書後面附有一個廣博而詳細的詞彙解釋，請讀者好好利用。實際上，藉由閱讀字彙，你可以好好地回顧本書內容。

我發自內心深深感激約翰．派迪寇德（John Peddicord）慷慨地貢獻他的時間和耐心。本書猶如《平靜的第一堂課——觀呼吸》一樣，如果沒有他密集勤奮的工作，是不可能問世的。

我也感謝 Wisdom Publications 的 Josh Bartok 提出許多有價值的建議，使本書得以完成。其他人也貢獻了他們的時間和精力，包括 Barry Boyce、Brenda Rosen、Fran Oropeza、Bhante Rahula、Bhante Buddharakita，以及 Bikkhuni Sobhana。我感激你們每一位。

德寶法師

1

專注之道

你需要多少信心？

雖然佛教和大多數的宗教頗爲不同，就某方面來說，比較近似一種實用的哲學，但我們將要探索的修行方法和教導，的確有其宗教背景，亦即上座部佛教。而你所需要做的，只是呈現潛藏內心的障礙〔蓋〕❶。所有的宗教都仰賴於某種信心，而這其實也不過是：在心裡願意暫時接受某些你自己尚未驗證的事。對於現在這本書也是如此。你並不需要是佛教徒或帶有任何宗教意圖，才能獲得一心不亂的專注〔禪定〕。任何人都可以做得到。

所以，你需要多少信心？你需要改信佛教嗎？你需要放棄從小到大遵循的傳統，或深切投入的理想嗎？你需要把你的理智或對世界的了解通通丟到一邊嗎？

絕對不需要。你可以保有你目前的觀點和思想體系，只接受你準備好要接受的，一次接受一些，而且只接受那些你真正覺得有用的。不過，你還是需要有一些信心。

你所需要的信心，就和你準備讀一本好小說或進行一個科學實驗所需要的那種信心一樣。你需要「願意暫停不信」。就像做實驗一樣，我請你暫時擱置任何你可能自動生起的反對，一直到你可以看清這條道路是否適合你，一直到你可以看清是否你能夠自己驗證，就如幾千年來世世代代如你一般的人們所驗證過的。

這暫時的停止不信，就是你此時唯一需要的；但即使這樣也並不容易。我們受到先入之見的制約非常深，而且通常並不自覺。我們常發現自己反對某事，但並未眞正檢驗那個判斷，甚至不知自己已經做了那樣的判斷。而事實上，這就是我們將一起探索的專注之道的諸多妙處之一。它訓練我們看住自己的心，知道自己何時做了判斷而且只是在起反應，然後我們就可以決定，對於那個即刻的反應，我們要接受多少。你可以完全掌握那個過程。

當然，這還是會有障礙。你必須能夠暫停你的不信，而且要夠深夠長，才能給專注禪修一個眞正、誠實、盡力的嘗試，同時深入的成果並不是立即可見的。不要期望你能半信半疑地用功，兩個禮拜後天堂就會打開大門，神靈感應的金光會傾注在你的頭頂上。這幾乎必定會令人失望。

編注：

❶〔〕內之文字為譯者所加。

我們是在處理心裡最深處的力量，而覺悟眞相很少是即刻的。

沒有智慧就沒有專注〔定〕，沒有專注就沒有智慧。既有專注又有智慧的人，就接近安詳和解脫了。

爲什麼深度專注是重要的？

這段話中提到的智慧，有兩種不同意思。第一種是一般的智慧，是可以用語言文字來表達，即我們一般人心所了解的那種智慧。然後還有另外一種智慧，是在最深的層次了解事物，而這種了解超越了語言文字和概念。本書呈現的是第一種智慧，好讓你能夠自行尋找和發現那更高深的智慧。

要尋求這深入的了解，我們必須深入心的根本去探求本質。在下面這段巴利經文中，佛陀對他的主要弟子們解釋了心的本質：是什麼造成了心的疾患，而我們又該做些什麼好修正它。

比丘們，這個心是光明的，但被生起的不淨煩惱所污染。未受教的凡夫們不如實了解這點，因此，對他們來說，沒有心理發展〔定〕（mental development）。

比丘們，這個心是光明的，但已從生起的不淨煩惱解脫。受教的聖弟子們如實了解這點，因此，對他們來說，有心理發展〔定〕。

在這段經文中提到兩次「這個心」，一次是「未受教的凡夫」，另一次是「受教的聖弟子」。然而，無論我們是一般的凡夫或是老練的禪修者，都有著一樣的心。心的深處是穩定而光明的，但是這個光和我們一般所了解的光不同。這個心，本質上並不黑暗、陰鬱、或混亂，其基本特質中就有光，它是明亮的，充滿著閃耀、開放、非概念的智慧和深度的安寧。

但我們都有著某些使它不能正當閃耀的東西。我們之中有少數人成功地去除了上文所說的「生起的不淨煩惱」，並且獲得了「心理發展」；那些「生起的不淨煩惱」遮蔽了心，它們並非心本來的眞正本質。在上面的經文中，「心理發展」指的就是本書要描述的深入專注〔定〕。佛陀說，心是光明的，但未受教的人們不知道這點。他們之所以不知道，簡單地說，就是因爲他們沒有修定；而他們沒有修定，則是因爲他們不知道有一個純淨光明的心等待體驗。

要獲得專注，我們就必須去除一些東西，而這種必須去除的東西就叫做「煩惱」。煩惱就是染污、雜染、或不淨，是某種弄髒了心的東西。但煩惱也像是一種心的毒素，讓心生病，許多痛苦因它而生起。但幸運的是，這些煩惱是「生起的」，是從外面加上的，而不是深心根本架構裡的一部分。

所以，這些「生起的不淨煩惱」是我們必須去除的心的性質。爲了獲得心理發展〔定〕的利益，我們必須學習：煩惱是什麼，以及如何去除煩惱。這個去除是藉由修行正念來進行，而去除不淨煩惱則導向親見心的「光明」特質。

聽來有趣，對嗎？

是的。

聽來像是件可做的好事，對嗎？

是的。

但是這需要技巧。一路上會有許多陷阱，而且有很多需要學習。不過，你拿對書了！

以佛陀爲榜樣

佛陀證悟成佛後，到了波羅奈（現今的瓦拉那西），並對五位苦行者（即五比丘）開示。他們五位和佛陀很熟；事實上，他們和佛陀曾一起修行自我折磨的苦行達六年之久，一直到佛陀體悟到苦行的缺失，並開始走向中道爲止。當佛陀走向五位苦行者時，他們並未對他做出任何特別的禮敬。他們只稱他爲「朋友」，就像當年他們在一起時一樣。他們並不認爲他是什麼特殊人物，不曉得他已覺悟成佛了。

佛陀告訴他們自己的成就，以及他們現在可以向他學習了。他公開直率地告訴他們，事實上，他已覺悟成佛。但他們並不相信。佛陀看見他們懷疑，便問他們一個問題：

「比丘們，我以前曾經告訴過你們說我已證得覺悟嗎？」「沒有，先生。」「比丘們，只要我對四聖諦的實相，對三轉十二行相的智慧和見解沒有徹底清淨之前，我不會宣稱自己已經證得無上的圓滿覺悟。」

佛陀是坦率的。他知道自己是誰，以及自己經歷了什麼。四聖諦是他所有教導的基礎；每一聖諦都有三個階段要了解及修行，這就構成了所謂的十二行相。三個階段就是理論、實修，以及體證。你必須先在理論上了解某件事，然後再付諸實踐，好讓你有實際的經驗，然後你才能證悟，也就是你確實看到它成眞了，而那就是成果。這是一個人藉以確認理論爲眞的過程。在這樣的用法裡，「體證」（realization）這個字有雙重意思：「了解」以及「最終的成就」。

佛陀採用這個三階段的方式來闡明四聖諦：

第一聖諦是：苦存在。佛陀在深入親見之前就知道苦是眞實的；那是理論。實際體驗苦的本質，則是佛陀的實修。從他自己的禪修練習裡，他了解到苦是眞實人生，而且應該被了解。佛陀在所有可知的層面上體驗了苦，並且學會如何用功來超越苦。最後，佛陀的體證變得圓滿了。他知道他可以終結他的苦了，並且他也這麼做到了。

第二聖諦是：苦有特定的起因。佛陀在理論上如實地了解苦的起因。他從過去的修行引申出這個理智層面的了解，但是在經驗的層面上，他還沒有完全體證。當他真的體證時，了解到可以藉由根除苦的起因而去除苦，將苦從根斬除。那就是佛陀的實修，他實際做到了他說應該要做的。他藉由根除潛藏的起因，而在根本的層面上解決了這個問題。當他完全去除苦因時，即獲得了自由。那就是佛陀的體證。

第三聖諦是：苦的確可以止息。在理論上，佛陀知道苦可以在某處終結。當他將這理論付諸實行時，他了解到苦的止息是必須去獲得的。他得到了苦的完全止息，而這個結果就是他的體證。

第四聖諦是：有一條道路可以到達苦的止息。首先，佛陀在理論上發現這條道路是存在的；他發現了要獲致解脫所應該走的步驟。他將理論在生命中付諸實行，而結果就是：他可以闡明這條解脫之道，這就是他的體證。

這裡的重點是簡單的。你必須眞的了解你所做的每一點，實際地將每一步驟付諸實行，並且在自心中實際地親見完整的成果。任何缺漏都成不了事：那究竟之事，從苦中解脫之事。然而這種解脫需要完全的承諾、非常的努力和耐心，以及投入整個過程一直到完全體證為止。

佛陀給了我們法，亦即他的教法，好讓我們得以實修。他從自己的實修獲得智慧。他並非只是有了個想法，並在想法只不過是理論時，就衝出去告訴全世界；他一直等到想法完整了——理論，實修，以及完全體證。佛陀給我們的是一個美麗的計畫，就像是一位建築師畫出建物的藍圖一樣。而就像工人必須辛勤地照著建築師的仔細規劃來建造房子一樣，我們也必須照著佛陀的計畫來實現解脫。

佛陀給我們的是一個眞正美好詳細的計畫，你必須確實地照著做。其他人也提出其他的計畫，從佛陀的時代一直到二十一世紀都有，但那些計畫可能行不通，它們並沒有被世世代代地測試了兩千年。

佛陀的計畫甚至還有保證：如果你完全照著這些開示中的指導來做，你甚至可以在七天就獲得完全覺悟。如果你不能完全去除所有的不淨煩惱，那麼你可以在七年就獲得第三階段的開悟〔不還果〕。

這就像是附加的保證。當然，在合約裡還有些額外的但書和必備條件，一些你可能不幸地破壞了保證的方式。要讓保證有效，你必須：

- 有信心，並且是對佛陀這位完全解脫痛苦及苦因的人有信心。
- 有適當的健康，並且能夠忍受奮鬥的壓力。
- 誠實且眞誠。對你的老師以及神聖生活的友伴，顯露你眞正的樣子。
- 精力充沛地去除不好的心態及行爲，並建立健全的心態。
- 堅決專注地以決心開始努力，並不屈不撓地發展良善的心態。
- 有智慧。對於一切現象的生滅有智慧，這智慧是神聖且具穿透力的，能導致苦的完全去除。

這本書能夠給你理論，如何一點一點地做到這些事。至於實修和體證就要看你自己了。佛陀完全體證了四聖諦，完美平衡地結合專注和正念（止觀）而獲得覺悟。

你也可以做到這樣。

禪那的路線圖

要在專注之道上前進，需要練習。我們就從這裡開始，從這個我們透過身體感官及概念思考所知道的世界開始。如果你把專注之道看作一張路線圖，你可以說我們大多從相同的地理區域開始，但每個人的位置稍有不同。那是因爲我們都有不同的人格，而且我們累積了不同比例的「不淨煩惱」，需要我們各自努力去除。我們用稍微不同的清理行動開始，把重點放在阻礙我們最嚴重的地方，然後隨著各自的進步，我們的路線將會合到一起。我們所做的會愈來愈相似，直到我們走上同一條道路。

這條道路的起點，在於認出並制服一些叫做「障礙」（蓋）的東西。障礙是負面心理作爲的粗顯層面，而我們可以輕易地認出來。要做到這點，我們要獲得並經歷特定的禪修狀態，叫做「禪那」。我在下一章會更加詳細地介紹，在此只要知道，在更高的禪那中，我們使一些叫做「結」的東西暫時失效。這些「結」是心裡面一些比較精細的因素，造成了「蓋」的生起。

一旦我們暫時移開了路上的障礙，專注力（定力）就會變強。然後我們把注意力放在某些非常有用的對象上，觀察這些對象的特性，這將導致解脫自由。

這其實不像聽起來那麼簡單，只需1－2－3幾個步驟就好。實際上，我們可能同時做好幾個步驟。在每個方面的成功，都可以讓其他方面更加進步。

一直走下去之後，不斷加強的專注力會突然把我們帶到一個新的境界。感官和思考的世界退卻了，我們體驗到四個連續的階段，每個階段所體驗到的喜悅、快樂都愈來愈精細。這是「色界禪」階段。這仍在我們平常世界的領域內，只是已接近邊緣了。

然後是另外四個階段，那幾乎已經和我們現在所知道的世界無關了，沒有體驗過這種特別禪修狀態的心是無法知道的。這些是「無色界禪」，已經超越我們現在所經驗的真實。

隨之而來的叫做「出世間禪」。這很重要，已完全超越了熟悉的領域。

這條專注之道，就是我們在接下來的章節裡所要講的。

2

定與禪那

定就是把心全部的正面力量匯聚起來，緊緊地凝聚成一道強大的光線或力量。精熟於定〔禪定自在〕的意思就是學會隨心所欲地瞄準這道光或力量。這種定強而有力，但又是溫和的，並且不會散漫。要建立這種定，主要在於能去除那些會障礙它作用的心理因素，然後我們就學習將這道光指向正確的東西——心裡面眞正會帶來成果的東西。當我們仔細地研究這些東西，它們就不再束縛我們，我們也得到自由了。定以及覺知，讓我們的心觀察它自己，檢視它的作爲，發現並去除那些阻礙它自然流動的東西。

我們如何做到？

我們要慢慢地趨向定，主要的方式是減弱心中那些惱人的因素，並且壓制住。要減弱的這些東西，其實都是些微不足道的小東西，像是恐懼、焦慮、憤怒、貪愛、羞恥。這些只是心的小習慣，但卻已深深根植於心，讓我們以爲這是自然的，本來就該在那裡，好像它們是「對」的，是對這個世界正確且適當的反應。

甚至我們以爲這些東西就「是」我們；我們相信它們深植於我們的本質裡，並且「認同」它們。這些東西是我們生活的基本方式，是我們所知道的理解世間的唯一方式，而且我們以爲自己絕對「需要」這些東西才能生存於世間。我們以爲如果有人不好好思量每件事，這個人必定是愚蠢的；如果有人不被情緒主導，這個人必定是沒有靈魂的機器人（最好也不過如此），或是死人（最壞的情況）。

但是所有這些障礙都只不過是習慣。我們能夠學著去了解，並學會一些技巧讓它們暫時睡著。然後，當這些障礙睡著時，我們就能夠清醒地直接體驗其下之根本心的閃亮、歡悅和光明本質。

當我們體驗過眞正的心——在我們堆積的一堆心理垃圾之下的眞心以後，就能開始把光明的平靜，帶一些回到日常生活裡。這讓我們能夠進一步破壞那些我們想去除的習慣，而這又帶來更深的定，讓更多的幸福喜樂滲入我們的生命中。然後，這又讓我們更深入地了解這些習慣，繼而更減弱它們的力量。

就這樣繼續下去。這是條迴旋向上，通達安詳、喜悅及智慧之路。

但我們必須由「此地」開始，亦即我們現在所在之地。

禪那是什麼？

本書的核心要旨就是一本禪那（禪定）指導手冊。禪那是心理功能的某些狀態，能夠透過深入的專注禪修（修定、止禪）而達到。禪那超越了一般概念心的作用。一般的概念心也就是你現在正閱讀本書的心。對我們大多數人而言，心的概念功能就是我們所唯一知道、並且可以將之概念化的。現在，我們甚至不可能想像超越思考、超越感官知覺、超越情緒主宰，是什麼樣子。這是因爲如果嘗試想像這個層次的心，就也還只是由感知、思考和情緒所組合而成的，而這也是我們所能知道的一切了。然而，禪那超越了這一切。這很難描述，因爲我們所知道的字眼都受限於這些迷惑住我們的概念、感官印象，以及情緒。

禪那（jhana）這個字源於jha（梵文dyai），意思是「燃燒」「壓制」或「全神貫注」。實際的體驗則很難表達。通常翻譯爲「一種深入專注的禪修狀態」，或是「全神貫注的專一」，或甚至只是「全神貫注」。

不過，將禪那翻譯爲「全神貫注」有可能會誤導。你可能全神貫注於任何東西，簡單舉幾個例子：繳稅、讀小說、或策劃報仇，但這些都不是禪那。而「全神貫注」這個字也可能暗示心變得像石頭或蔬菜一樣，沒有任何感覺、覺知或意識。當你完全地全神貫注於禪修對象時、當你沉浸或與你的對象合而爲一時，你是完全沒有覺知的；但這也不是禪那，至少不是佛陀所認爲的「正當的禪那」。當你有正當的禪那時，你也許對於外在世界沒有覺知，但你對於內在發生的事卻是全然覺知的。

正當的禪那是心的一種平衡狀態，此時，無數良善的心理因素和諧地一起運作著，整體一致地讓心平靜、放鬆、沉著、安詳、平穩、柔軟、柔順、光明，以及平等安定。心在這種狀態時，念、精進、定，以及了解〔慧〕是統一的，所有這些因素像一個團隊般地合作無間。

由於沒有慧就沒有定，沒有定也就沒有慧，因此禪那在禪修實踐上扮演著很重要的角色。

正定與邪定

正定是清醒和覺知的。正念和正知是正定的品質保證。心也許完全不注意外在世界，但對於禪那狀態所發生的事卻一清二楚。心能辨識禪那的良善心理因素，不需語言文字，就知道它們是什麼，以及它們所代表的意義。正念是正定的先驅。禪那是透過克制障礙〔五蓋〕而來。你必須具有正念，好辨識出心中有障礙，才能加以克服。禪那之前的正念，持續到禪那之中。除了正念之外，清明、純淨、信、注意、以及平等心〔捨〕，都必須與正定同在。

邪定是全神貫注，但卻沒有正念的定。那是很危險的，因爲你可能變得執著於禪定狀態。如果你發現自己所修的是邪定，應該盡快脫離。那個習慣是很誘人，並且容易加深的。最好是根本不要有邪定。

你怎麼知道你修的定是邪定？一個指標是你失去所有的感受了。正定中仍然是有感受的；雖然很微細，但還是存在。只有當你獲得最高的禪那，也就是「滅受想定」時，才會沒有感受。在那之前，你當然還是有感受〔受〕和想法〔想〕。

有些錯誤狀態會讓你誤以爲好像達到這個階段了。如果當你在打坐時，身體放鬆且安詳，你感覺不到呼吸，也感覺不到身體，同時聽不到任何聲音，這時候你得了解，這些確定是快要睡著的跡象，而不是即將到達光明清醒的禪那。再等一下你就會開始打鼾，即使實際上沒有也差不多了。如果你完全沒有任何感覺，你就不是在正定之中。

你可能會待在這種不正確的全神貫注裡很久。

阿羅陀迦蘭（Alarakalam），不只是你有信、進、念、定、慧。我也有信、進、念、定、慧。

佛陀這樣告訴阿羅陀迦蘭，也同樣告訴鬱陀羅摩子（Uddakaramaputta）。這兩位是佛陀從前的老師。他們有信、進、念、定、慧，但不是正確的那種。

正確和錯誤的不同在哪裡？在於佛陀的老師們的定之性質，並非基於正見。他們對於自己的傳統有很強的信心，強烈相信靈魂要與創造者合一。他們用精進、念、定及慧來實現這個目標，而這些目標會促成更強的自我感，也就帶來了更多的執取和痛苦。因此，他們的信、進、念、定、慧是錯誤的。

通常當心不專注或得到邪定時，自我的觀念就生起了。佛陀過去的老師們就是卡在這個問題上，而這也就是佛陀所突破的。為了尋求眞理，佛陀已經走遍各地參訪不同的老師，最後找到了阿羅陀迦蘭和鬱陀羅摩子。這兩位老師都教他要禪修，並獲得最高的無色界禪那。但佛陀決定，除此之外可能還有別的；對我們來說這是很幸運的。

這兩位高成就的禪修老師不能進一步超越最高的無色界禪那而達到完全解脫，他們的定缺少正念和正見。他們以為自己所見到的是一個個體、靈魂、自我，並且以為那是永恆的、持久的、不滅的、不朽的，而且是固定不變的。沒有正念和正見的定，即是邪定。

定和念

修定和修念之間有必要的關係。念是定的先決條件和基礎。定是藉由「平靜而不困惑，並且正念分明地省思」來開發與加強的。稍為簡化的說法就是：藉由在一個平靜且不困惑的心理狀態中，正念分明地省思來發展定。而你所「念」的是什麼呢？就是這個狀態本身，它平靜且不困惑的事實。隨著禪那修行的發展，念也會逐漸加強。

念被用來發展定，並且在定的狀態裡被用來導向解脫。正定最重要的成果就是四個世間禪那，若沒有的話，正定就不完全。正精進和正念加進來一起讓正定達到完全發展。如實顯現事物眞相的是這種正定。

一旦你如實看到事物的眞相，對痛苦的世間以及痛苦本身就不再著迷了。對痛苦的醒悟削減了貪愛，並且生起一些無欲。離開了欲，心就從貪愛中解脫，而體驗到解脫釋放的幸福喜樂。正定和正念總是齊頭並進，彼此不能分開。

定和念必須一起合作才能如實看見事物的眞相。兩者缺一就不夠強，不能突破無明之殼而洞見眞理。你可以從定開始並進入禪那，然後用定來淨化觀智（insight）或念，以如實看見事物的眞相。或者，你也可以從念開始，然後得到定來淨化念，好讓你能用這淨化的念如實看見事物的眞相。

正知

正知的意思是在任何活動當中，對於身體所做的任何事以及你所知覺到的任何事，都保持完全清醒及有意識。這是對發生於身心的所有事的一種向內監控。正知需要「純然注意」，以確保你的念是在於正確的事，以及用正確的方式。而「純然」意指剝落到底或毫無任何外加。這是種品管因素，監控所注意到的事，以及這個注意是如何發生的。

你必須指引這個完全、清楚、純然的注意，尤其是在這四件事上：

定的目的：你是爲了解脫而修定，藉由洞見我們所有的經驗都是 *anicca*（無常，發音爲 ah-NI-chah）、*dukkha*（苦）、以及 *anatta*（無不變之我／無我的本質）而解脫。我們在第七章會對這「三法印」做更詳細的探討。你正念分明地努力領會得定的目的。你嘗試得定以如實了解事物的眞相，而不是爲了舒服愉悅或神通。

修定方法的合適性：你是正確的修定嗎？沒有貪瞋癡地正念分明的注意嗎？或者你是專注於不善的對象而餵養著五蓋呢？你要正念分明的努力了解，所有你爲了得定所做的準備工作都是正確的，這樣才能到達目標。修定要成功，有許多必要條件，而你必須讓這些條件都管用。

定的領域：你專注的對象是什麼呢？定的適當領域就是「四念住」的四個對象，也就是：念住於身、念住於受、念住於心、念住於法。關於這些，你會在第十章裡學到更多。你要得定的領域就是你禪修的「所緣」，亦即你選擇用心專注的對象；一直專注於所緣直到最後，心終於得定了。

正定的無幻（non-delusion）與邪定相反：你眞的看到「無常、苦、無我」的眞相了嗎？你的注意力明亮、警覺、並且穿透了無明幻影的屏障嗎？或者你見到的是看起來堅固持久，可以讓你永遠快樂或哀傷的表象呢？

眞理是，正知的價值不只在禪那，你必須對所做的任何事都有正知。正念分明且正知地吃、喝、走、坐、躺、以及回應上廁所等自然需求。正念分明且正知地穿衣、工作、開車及注意交通安全、談話、沉默、寫作、煮飯、洗碗。做所有這些事時，要完全醒覺於這個「做」。要嘗試知道正發生於身和心的每一件事。

以正念正知來做這些活動，讓你的心爲獲得禪那做好準備。當你眞的準備好時，你就能毫無困難地得到。

禪那的利益

有些老師說禪那不是必要的，比較像是進階禪修者的玩具。技術上來說這可能是眞的，有些人可以不修禪那而從貪愛、迷惑及苦獲得完全解脫。但是獲得禪那有許多利益。

首先，你可以體驗到難以置信的安詳喜悅。那種感覺本身就很棒，而且你也會將它帶一些回到你的日常生活中。禪那的廣大平靜開始瀰漫到你的日常經驗裡。

更重要的是禪那對你其他修行的鼓勵。禪那的滋味像是解脫，從所有折磨我們的心理和情緒苦惱中獲得完全的自由。但禪那本身並非那完全的自由，而只是暫時的狀態，終將會結束；而當眞的結束時，你的平常世界以及導致痛苦的對待方式就會再蔓延回來。但這仍給你絕對的保證：還有更多的可能，你的心也有著完全自由的種子。藉由禪那的體驗，你能確定解脫並不只是個理論而已；解脫並非是別人或許可能，但永遠不會發生在自己身上的事。這麼一來，獲得禪那能爲你的修行帶來無比的精力與鼓勵。

禪那教給你眞正強力的定，對於毘缽舍那，亦即內觀禪修之道而言是必要的。禪那，尤其是第四禪（我們在第十二章會詳細探討），可以用來見到無常、苦、以及無我。見到實相的眞正本質是禪修的目的，而禪那可以用來成就這個目的。

禪那的潛在陷阱

重要的是要知道，事實上有某些「危險」和不正確的禪那修行有關，謹愼的人應該要完全知道這些危險並且嚴肅面對。有兩個主要的危險：

禪那修行者可能「陷」在禪定的狂喜極樂裡。

禪那修行者可能在成就上建立起驕傲。

這些都必須嚴肅面對。自我可能濫權並爲了自私的目的而和任何事合作，甚至利用佛陀的解脫之道。

狂喜極樂是許多非佛教修行系統的主要目的。你專注於某個對象：一個影像、經文或聖石，並且融入它。自我和其他的界限消失了，你和禪修的對象合而爲一，結果就是狂喜極樂。然後禪修結束了，你又回到原來的老樣子，原來的生活，原來的掙扎。這很傷人，所以你就再做一次，再一次，一次一次又一次。

佛教禪修的目的是超越的：透徹洞見你自我存在的眞相，這能驅散迷惑，給你完全、永久的自由。有點像是火車鐵軌，一條導向完全解脫、定義明確的軌道。不正確的禪那、沒有正念的禪那，則會引誘你脫軌到一條死巷絕路去。但具挑戰性的是，這個絕路位於一個很吸引人的地方，你可以永遠坐在那裡欣賞風景。畢竟，有什麼比深刻的絕妙狂喜更好呢？答案當然就是能讓你免於所有痛苦的持久解脫，而不是只有在你保持狂喜狀態時的短暫逃離。

第二個危險也是可怕的。禪那狀態是稀有的成就。當我們獲得禪那時，就開始認爲自己是特殊人物了。「喔，看我做得多好啊！我已經成爲一位很資深的禪修者了。其他人沒辦法做到這樣。我是特別的，我快覺悟了！」事實上，這裡面多少有些是眞的：你是特別的，你正成爲資深的禪修者。但你也正掉入自我的陷阱裡，那會拖延你的進步，並讓周圍的人氣餒。

你必須嚴肅地面對這些警告！自我是很狡滑且聰明的。你可能掉入這些陷阱而不自知。你可能正從事著這些有害的方式，卻完全堅信自己沒有！

這時就是老師出場的時候了。某位曾經走完全程的人，他（她）能引領你前行，並避免你太過於自欺欺人。一位眞正的老師的價值，尤其在禪那修行的中後期，是無可比擬的。

請去找出一位眞正的老師來。

3

準備修禪那

巴利經典中提到一些禪修前的準備事項，雖然就重要性而言，不應僅僅把這些當作預備事項來看。對我們大多數人來說，在接下來的一段長時間裡，這些會是我們要完全投入的事。

目前我們專注的能力受到阻礙，因爲我們的心充滿了煩亂不安。它們是這麼的平常而且持續，以致我們以爲這個狀態是正常的，是我們眞正的樣子。我們以爲這就是「人的狀況」，而且我們對這個狀況無能爲力。然而，雖然大多數人的心在目前是這種狀態，但這是可以改變的。有爲數不少的非凡心靈已經辦到了，而且他們也列出了一系列的原則和步驟，讓我們也同樣可以做到。

沒有安詳的心，你就不可能得到禪那；沒有平靜安定的生活，你就不可能安詳。生活要平靜安定，你必須行爲良好，並且在某種程度上，不捲入周遭狂熱誘人的各種事情裡。在本章中，我們將探討如何過這種安定的生活，作爲禪那修行的基礎。

持戒

第一個預備事項是持戒。對佛教的心靈修行來說，這是最穩固、最持久的基礎。但是佛教的持戒並不代表盲目地遵守規定，不是一系列的「你們不可以……」（*Thou Shalt Nots*）。即便如此，你們還是要以了解和決心，遵循道德倫理的原則。但僅有決心是不能產生禪那的，雖然在準備獲得禪那的同時，你絕對需要決心來去除障礙。

你必須用四種努力（四正勤），來去除阻礙獲得禪那的不善習慣。這四種努力是：以不懈的用心努力，對於目前你沒有的有害習慣，要嘗試避免讓它們生起。對於你已經有了的不健康、有害的習慣，你要用同樣的努力去克服。對於你還沒有的新的、有益的、良好的習慣，你要去培養。而以同樣的堅定決心，你要保持這些新的、正面的習慣並且圓滿它們。

漸漸地，你以良善的思想、言語和行爲建立起動力。當你正念分明並且眞正努力要建立這個動力時，你的心自然而然會轉趨安詳。你會發現自己正尋找一個合適的地點和時間，好發展禪那。你尋找出正確的姿勢、所緣以及環境。

當你開始修禪那時，要避免任何對得定無益的事。在坐墊上時，你要避免那些障礙〔五蓋〕，亦即那些會把你從禪修所緣拉跑的反應。下了坐墊之後，你練習同樣的技巧，避免那些會讓障礙持續的思想、言語和行為。

對在家人來說，最簡單且最重要的道德修行就是五戒。你必須對每一條戒展現兩個面向：

一個面向是戒除：戒除殺生、拿取任何不是給你的東西、從事任何不正當的性行為、說謊話、吸食會醉人的東西（如酒、毒品等）。

另一個面向是修行七種有道德的行為：友善、悲憫、慷慨、真實、隨喜（對他人的幸運及良好特質感到喜悅）、保持心的冷靜清醒、平等心。

你必須用心致力啓動你的計畫，貫徹實行並且絕不放棄。如果你對現在的生活沒有一種安詳及滿足感的話，是不可能得到禪那的。如果你努力奮鬥想要使生活與現在實際上徹底不同，那將會妨礙禪那的穩定進展。這種努力奮鬥的生活方式是為了想像的將來；而禪那則是從活在當下裡培育出來的。你必須對現況覺得合宜且足夠，否則你會一直渴望。你必須對食物、衣服及住處感到滿意。你必須能在生活中出現的一切狀況裡，找得到滿意才行。

禪修者從自己的經驗中發現，當他們遵守道德倫理的戒律而禪修時，貪愛、瞋恨和愚癡會慢慢減輕。隨著禪修的進步，你會見到持戒的好處。當成果顯現時，你不會變得驕傲而誇讚自己或貶抑他人。你會謙遜而公正地只是體會到一個有著正念、友善、隨喜及平等捨的清淨心，比起不清淨、染污、偏頗、不穩而紛擾的心，的確比較容易在修定上有所進步。

知足

知足的意思是對食物、衣服、住處、醫藥或基本需求之外的任何東西，都不會太貪婪。知足的人，生活是很簡單的，禪修的練習也會變得容易。禪那，法（Dhamma）的這個修行，適合知足的人，而非那些根本不知足的人。

修習正念正知，讓心完全投入在你所做的一切活動上。當你向前走、向後走、觀看、站立、坐下、穿衣、或做任何心理和身體的活動時，都要修習正念正知。每一個動作、每一個念頭、每一件事都包括在內，於是心裡就不再有空間想要獲取任何物質或處境，心離開了想要獲取什麼的想法，這就是知足。除了當下所給予的之外，你什麼都不需要。

知足是滿意於良善的思想、語言和行爲。對於你的朋友、親戚及家人，你都感到滿意。你對食物滿意並適量取用。你對衣著滿意，並適當地獲得及穿著。適當地做每件事，沒有貪婪、瞋恨或迷惑。完全知足的人，任何時候都覺得充足完美；不知足的人，無論何時都覺得有所欠缺。

有一天，佛陀的繼母大愛道（Mahapajapati Gotami）要求佛陀爲她很簡短的說法。佛陀的教導之一就是培養知足：

知足是無上的財富。如果到處都有水，還需要井做什麼？當貪愛的根已斬斷了，還有什麼要四處尋求的？

守護根門

持守道德倫理的戒律，是禪那修行要成功所必需的。這包括了守護根門（感官門戶）。

你應該守護根門，並避免不好的食物、不好的語言，以及不好的活動。守護根門並不是在可見物出現在眼前時閉上你的眼睛，或聽見聲音時堵住你的耳朵。當有什麼味道時，你不必捏住你的鼻子。你還是可以品嚐食物，碰觸東西。

如果關閉根門避免知覺任何感官對象可以讓心清淨純潔的話，那麼盲人及聾者的心就會一直是清淨純潔的了。可惜不是如此。我們都只是凡夫俗子。

所以，守護的意思是，當感官對象出現在你的感官前面時，你應該以某種方式聚焦。當認眞的禪修者遇到人時，不要把心聚焦於會分散注意力的一般表徵上，例如性別，或是如膚色、高度、眼睛、耳朵、鼻子、嘴巴、頭髮、腿或手等細節上。別讓心強調或固定在這個人的動作、聲音、說話的方式、外表或走路的樣子。

四周有許多美好的事物、漂亮的東西、甜美的聲音、迷人的香味、可口的滋味、舒服的碰觸，以及無法控制的念頭，這些都是貪愛的對象。我們的六根像是饑餓的動物，總是向外尋求獵物以獲得滿足。

所以，你該怎麼做呢？你正念分明地注意自己的身體，並且只要在心裡註記感官對象的生起。世界上存在的事物並不會導致貪愛在心中生起，除非你接觸它們，並且欠缺智慧地看待它們。

貪愛屬於心中不善力量之中最強的一種。由於不明智地看待這些事物，貪愛就得到了滋養。苦的最主要原因就是貪愛。只要去除貪愛，大部分的苦也就去除了。一旦去除了無明，就能去除更多的苦。貪愛及無明是同樣強而有力的煩惱，造成了苦。

在著名的「火的開示」（Fire Sermon）裡，佛陀將貪愛比喻爲火。我們所有的感官都著火了，在貪愛的火焰中燃燒著。剛開始禪修時，就是要先克服貪婪和失望。貪婪和貪愛或欲望有些不同。貪愛和欲望讓我們想要擁有；貪婪則是如果別人有什麼，我們就認爲自己也應該要有。

我們的修行就從這裡開始：克服這種忌妒的貪愛，克服對於這個世間所給予我們的感到失望。在這裡，「世間」的意思是我們內在的世界。我們觀看心，看它試著要黏住或執取什麼，而我們保持正念分明地省思，直到它漸漸消失。

隱退於僻靜處〔獨一靜處〕

鄭重建議：修禪那要找一個合適的地方。我們不可能找到一個毫無噪音的地方，因此要找一個噪音很少，也很少有聲音，總之是沒有人，可以避開人群並且適合獨處的地方。

對於禪那修行、對於你眞正要禪修的這段時間來說，放下所有的工作、所有的人、所有的會議、所有房屋興建或舊屋整修的事、所有辦公室的事、所有關於家人的顧慮，是很重要的。換句話說，就是放下你平常的擔憂和不安。這是身體上的隔離隱退，而且是必要的。這就是禪修閉關的價值所在，可以讓身體實際上隱退於僻靜處。

你也需要心理上的隔離隱退。別把你那些心理垃圾都帶到禪修中心去。當你出發時，別帶著你的工作、你的辦公室、你那些心理遊戲、商業計劃、內在的戰爭及打鬥。慈善但堅定地告訴它們：「現在別來打擾我。我晚點再來處理你們。我知道我回來時，你們都還在。」

另一種隔離隱退叫做「從執著解脫」（liberation from attachment，離執），這是眞正的享受。到了獨處的地方，你也必須和執取與黏著的習慣分開。唯有這樣，才可能獲得禪那。要做到這種心理上的隱退頗爲困難，但對於獲得禪那來說，是絕對必要，而且利益是很廣大的。當你不浪費精力去想那些似乎很重要的事時，它們就會漸漸從心裡消失。另一方面，你的心經常在做的，無論是什麼，只要是心裡常想並且緊抓不放的，就會留在心裡，一再地回來。

爲了讓你的心休息一下，你偶爾需要刻意「忘記」。這就像是完全放掉電池裡的電，好再充滿它。當你放掉電池裡的電並且重新充滿電時，電池就可以用得比較久。讓你的心休息一下，暫時不去想那些職責和責任。完全不想任何事，好讓心可以充分休息。當你修習禪那時，心會變得清新、清淨、純潔，而且強壯有力。然後你可以用那個心，修內觀修得更好，甚至更善巧地照料你的生活。

要隱退於僻靜處並不需要躲到山洞裡去。你可以在團體中隱退——如果這個團體的成員都同意營造能促成這種隱退狀態的環境和氛圍。這就是我們參加禪修閉關時的情形。不過，你甚至可以不必這麼做。

例如，你可以設定一個時間和地方，讓你至少能夠獨處、靜默一小時，並且不受打擾。這個地方就像是你的私人洞穴或禪修中心。此處可能只是一個衣櫃，或是房間裡的一個角落。它不需要精心設計或裝飾，只要是一個可以從這世界隱退的特別地方即可。這是你特別保留給禪修的地方，一個你可以放下一切、只練習禪修的地方。

雖然放個小聖壇、擺放佛像和蠟燭是很常見的事，但這當然不是必要的。使用小鐘來開始和結束你的練習是不錯的，它可以裝飾得華麗或是非常樸實。利用任何眞正可以提醒你致力於修行的東西。

準備好扎扎實實地至少坐一小時。即使疼痛生起，也試著不要移動。

眞正認眞要修禪那的人，每天都應該努力練習，一天練習好幾次。你不可能在開車時獲得禪那（你也不該這麼嘗試！），或是在辦公室工作時、參加會議時、或參加晚宴時獲得禪那。你需要一個安靜的時段和地方，以及還算舒服的靜坐。要能產生那種程度的舒服，唯一的辦法就是堅持的、經常的練習。

正念省思

在心得到淨化之前，有許多不善的傾向潛伏在心裡，因此，貪愛、瞋恨或迷惑可能會生起。當你看見形象、聽見聲音、聞到氣味、品嚐食物飲料時，內心深處有情緒的反應。你一接觸到東西，就有個反應。甚至當你回想起一些過去的印象、過去所知覺的對象時，通常貪愛、瞋恨或迷惑就會生起。

這些感官對象本質上既不漂亮、也不醜陋，只是中性的感官對象。但是當你知覺到某物並認爲「這是愉快的」，貪愛就生起了；如果你知覺某物並認爲「這是醜陋的」，憤恨就控制了你的心。

假設你戴著有色眼鏡來看東西，你就是根據所戴眼鏡的顏色在看。例如，假設你戴的是藍色眼鏡，你看見的東西就是藍的；相反地，不要戴任何眼鏡，只要看著現象生起。只要正念於這個事實：你剛剛看見了一個無常的事物，無論是聽到的聲音、聞到的氣味、或看見某人走動都一樣。完成了這個對於感官對象的正念覺知後，你就再回到禪修所緣上。你應該正念於：看到的只是看見了某物，聽到的只是聽到了聲音。你必須只認為聞到的只是氣味，品嚐的只是品嚐的知覺，碰觸到的東西只是個碰觸的經驗，而思想與概念只是知覺到的心理對象。

無論是看事物、聽聲音、聞氣味、品嚐食物飲料、碰觸東西及思考想法，都要以正念省思。正念省思的意思是沒有貪愛、瞋恨及迷惑地省思。這代表在涉及環境時，沒有「我」及「我的」這種觀念；這代表對於正在發生的事，沒有「我是這樣或那樣」「我喜愛或厭惡或不在乎這個或那個」的想法。

當你看見一個東西時，正念省思它是依賴某個感官和對象而生起的。例如，當眼睛遇見了你正在注視的對象時，就是「觸」。然後是瞬間發生的單純無言的認別（recognition），以及某一種識的生起。依賴於感官、識及觸三者，生起感受、認別、決定及思考。

接著是概念、標籤、感覺、想法、貪愛及詳細的思考，然後是深思熟慮或可能更詳盡的思考。所有這些都是自然而然且連續地發生，大部分都不是出自於你有意識的意志，但是這一切都是無常、苦及無我的。因爲一切都是無常的，在你眨眼之前、吸進或呼出氣息之前，就已經消失了。

看見這些叫做正念省思。當你的定變得純淨、敏銳、清楚及穩定時，就能穿透所有這些扭曲的屏障，如實地顯現事物眞正的樣子。

於是心打開了，準備好更深入地洞見實相。

修行八正道

不持戒的禪修者很難獲得禪那。身體和心理雙方面的戒律或「尸羅」（*shila*），是絕對必要的。所有獲得禪那的人都持守戒律。有兩套戒律可作爲行爲準則：一套是給出家僧眾的，另一套則給在家居士。對在家人來說，僧戒是比較難以持守的，因此，佛陀給予在家人一個比較簡易的版本，概述於八正道裡。

爲了解脫，我們需要訓練自己，而八正道即構成這個訓練的主幹。這八個步驟提供了一個空間，讓禪修得以在其中發揮作用。此八個步驟可以區分爲主要三組：道德行爲、正定，以及智慧（戒、定、慧）。禪那包含在「定」這一組。你的生活中必須要有八正道的這八個步驟，以便營造修行禪那所需的安詳、穩定氛圍。

正見。修行禪那必須對佛教之道有一個整體的了解。沒有這個正見，禪那可能會助長自我，而不是消融自我。禪那必須完全用來導向解脱，並且有正念的支持。

正志。如果你對於應該做什麼、以及爲何要做，沒有堅定且清楚的意向，那麼你將一無所成或得到錯誤的結果。有三種正志是必要的：捨離（放下）的意向，以及遠離惡意和傷害的意向。

正語。你必須養成習慣，説有益於修行的話。説話是重要的，你所説的每一句話都會將你的心染上顏色。説謊以及浪費時間的瑣碎閒話，對你毫無幫助。更何況，說話能加強心的習慣。例如，說話粗俗及不友善，實際上會加強了憤怒和瞋恨的障礙（瞋蓋）。

正業。我們所做的都會回歸到自己。我們對這世界所做的，創造出我們生活於其中的情緒環境。搶銀行當然無益於平靜安寧，而平靜安寧是獲得禪那所必需的。即使只是偷吃鄰居的蘋果，也會讓心不安。小罪行累積起來，就會讓心緊張到無法達成目標。

正命。以偷竊或販毒爲生，顯然不會促進安詳。不過這些只是粗顯的例子。事實上，曖昧模糊的小生意甚至也會擾亂你的心。所以，你的工作會傷害人或事物嗎？即使只是間接的？對於所做的事，你不是帶著緊張和罪惡感，就是變得麻木，而這兩者都不會讓你獲得禪那。對於你的謀生方法謹愼考慮是必要的。

正精進。獲得禪那並不容易；我們必須相當努力，營造一個讓禪那能夠進展的狀況。我們必須誠實地生出要獲得禪那的抱負，否則就不會發生。然後我們必須實際嘗試，之後一旦我們獲得了禪那，就必須培養它，保持它，維護它。這取決於眞誠意向與確實努力。

正念。沒有定，念不會強；沒有念，定也不會強。要獲得禪那，我們要讓障礙不現起〔五蓋不起〕。念就是時時注意這些障礙的內容本質，好讓我們得以超越它。

正定。正定是把心導向禪那的方向。要在正道上前進，並不一定需要做到這樣，但這麼做是有相當益處的。

任何對修習禪那有興趣的人，無一例外地應該要修行這些道德倫理原則。

但是別等到你的戒行完美了，才開始修禪那。當你的戒行尚不完美而禪修時，你將很快體會到要獲得專注是很困難的。這個或那個障礙會擋住你的路，那麼就正念分明地努力了解並克服障礙。你得重複這個試誤的方法，然後有一天，你會獲得禪那。不過這需要時間和耐心，以及每次跌倒就只是再度開始的意願。

念

就如我們所看到的，要開始建立禪那的基礎以及禪那本身，第一個以及最重要的工具就是「念」。你必須正念分明地致力於了解不善為不善，善即為善。你必須正念分明地致力於克服不善，並盡你所能地培養每一種善的思想、語言、行為。當你修禪那時，必須正念分明地致力於了解你正在做的事，讓心準備好獲得禪那。

我們每個人偶爾都會遇到那些「哪壺不開提哪壺」的人。失去「念」時，我們就自動以憤怒和憎恨反應；但如果具備「念」，我們就能觀察自己的心如何回應這些話語和行為。就像打坐時一樣，你可以觀察執著和瞋恨的生起。「念」就像是一張安全網，緩衝了不善行爲的反應。「念」給了你時間，而時間讓你得以選擇。善巧地作選擇，就會導向解脫。你不必被自己的感覺沖走，你可以用智慧和慈善回應，而不是用習慣和反彈。

當你正念分明地從事活動時，就能體會到有某些念頭，像是貪愛、瞋恨和迷惑擾亂了你的心，讓你一點都不能專注，更別說禪定了。於是，你從親身體驗中知道：「嗯，我需要暫停這些負面想法。」就在那一刻，你有意地開始培養良善及正面的想法了。

由於貪愛和無明一起合作而造成了苦，所以你不去除貪愛和無明，就不能去除苦。佛陀指出了禪修如何能帶來苦的止息，並讓你體驗到安詳的幸福喜樂。

如果你以「念」來回應侮辱及憤怒的話語，就可以仔細地看到整個情況。也許傷害你的那個人並不經心，沒有注意到自己正在說什麼。也許他（她）並沒有傷害你的意思。也許說話的當時，你的心情不對。也許你沒把話聽清楚，或是你誤解了那些話的來龍去脈。

小心地確實思考對方所說的話，也是很重要的。如果你以憤怒回應，你將不能聽出那些話裡的眞意。也許那個人正指出你必須要聽的事。眞正地聆聽他們所講的話，並且不要生氣。憤怒會讓你開口，並關上耳朵。

培養「念」能幫助我們以慈愛對待他人。在坐墊上，你觀察你的心生起喜歡與不喜歡。你教導自己，在這些想法生起時放鬆你的心。你學習把這些執著和瞋恨看待爲暫時狀態，並且學習放下。禪修幫助你以一種新的眼光看待世界，並給你一條出離憤怒的路。你的修行愈深入，就會發展出更多能力。「念」的終極作用就是在行動中見到無常，其他的都是趨向那個目標的墊腳石。

在正當的禪定裡，事實上是在任何良善的活動裡，都有著「念」。所以在整條正道上，你應該努力具「念」做每一件事。這會變成一種習慣，然後成爲心經常的作用方式。這樣，當你獲得禪那時，「念」將會在你的禪那裡。

五種心靈力量〔五力〕

五種心靈力量是：信、進（精進）、念、定、慧。事實上，如果沒有其他的力，你也無法修正定。

當你試著要獲得定時，障礙就生起了；爲了克服障礙，你必須用「念」。無論你用什麼方法克服障礙，都必須要具「念」才會管用。其中一種方法是培養慈愛，我們在下一章會探討。

精進也是必要因素，會推動你的修行。當你修念和定時，如果精進得宜，就會進展良好。沒有精進，你將會遲鈍而懶惰，不能進步。

就如我們所看到的，信心也是一個重要因素。如果你對佛、法、僧毫無信心，就根本不會想要修行。「信」在這裡的意思是：相信某人（佛陀）的確已經得到了你正嘗試要獲得的；相信有這麼一張藍圖（法）能幫助你獲得它；相信有一些人（僧）能在這條解脫之道上與你同行並引導你。

智慧也是一個要素。你必須有足夠的智慧，以眞正了解爲什麼你要踏上這條道路。你眞正的目標是什麼？哪些是你眞正相信的？哪些又只是你從書上讀來或道聽途說的？

所有這五種心靈力量必須一起合作，才能讓你的修行平穩地前進。

有時候人們要我更詳細地解釋「智慧」這個字的意思。以下是我給予的回答：

當你持續而完全不分心地注意你在身體、感受、認別、意志行爲、以及識（色、受、想、行、識：五蘊）上的每個經驗時，你的心眼實在只能看到什麼都是不斷在改變著的。

你所經驗的某些事是愉快的，某些並不愉快，某些則是既非愉快也非不愉快。但所有的經驗，無一例外地都不斷在改變著。

一般狀態的心是不會覺知到這些改變的。由於無視於這些改變，你的心會不自覺地做這三件事：黏著愉快的，排斥不愉快的，捲入既非愉快也非不愉快的。

最後一個特別重要，這個既非愉快也非不愉快的事很棘手。這是一般日常的經驗，如此的熟悉，因此你以爲這個既非愉快也非不愉快的狀態，就是你的靈魂或永恆自我——眞我。

這種對於「現實」經驗，若愉快則黏著、不愉快則排斥、既非愉快也非不愉快則迷惑，乃是與生俱來的機制。

而此黏著、排斥和迷惑也是在改變著的。藉由禪修，你的直覺會告訴你：這重複不斷的改變，你一切經驗的生起和滅去，無論是愉快、不愉快或既非愉快也非不愉快，都是不能令人滿意的，都不是快樂的處境。

看見了這個令人沮喪的處境，你的心對於一切經驗，甚至愉快的經驗，感到厭倦了。於是你的心放下了對於任何愉快經驗的黏著，放下了任何不愉快的經驗，也放下了任何既非愉快也非不愉快的經驗。

然後你體驗到內在的安詳，於是你的心從貪愛、瞋恨和迷惑〔三毒〕中釋放，得到自由。這三毒也可說是三種武器或三種火。而從三毒解脫的這個能力、力量或本領，就是佛教所謂的眞實智慧。

有時我們把六個感官的每一個都叫做「海」。每一個海都充滿了危險：有鯊魚、海怪、貪瞋癡的波浪。而能夠善巧地利用它們的清楚見地，就是智慧。佛陀總結如下：

> 度過這個難以橫渡、充滿了鯊魚、海怪、波浪之海的人，過著聖潔生活的智者，抵達了世間的盡頭，這樣的人稱爲「善逝」。

4

給自他最佳祝福

內心慈愛的力量，巴利語叫做 *metta*，意思是給自己和他人最佳祝福。Metta（慈心觀）也代表我們用來培養這種慈愛友善心態的心理練習法。我們說一些特定的話並想一些特定的念頭，以產生一種純淨的感覺。產生慈愛是到達禪那的一條主要途徑。對於那些障礙我們到達禪那的心態，慈愛也是一種對治法。

事實上，慈愛爲導向禪那的禪修（止禪）做好最佳準備。它清除障礙，好讓定得以生起。

思想與行動上的慈愛

修習慈心觀能改變習慣性的負面思考模式，並且強化正面的思考模式。當你修慈心觀時，你的心變得充滿安詳與快樂。你會放鬆下來，獲得專注。

但是慈愛並不只限於思想上，你也必須顯現於言語和行動上。而且慈愛不只是與自己，也與他人有關；你無法與人隔絕地培養慈愛。

你可以從那些每天與你接觸的人開始，想一些和善的念頭。如果你有「念」，就可以在所有醒著的時間裡，和每個人接觸時都這麼做。每當你看到一個人，就想：那個人和你一樣想要快樂、避免痛苦。我們所有人都一樣，都這麼覺得；所有的生命都這麼覺得，甚至連小蟲在面對傷害時也會退縮。

當你認知到這個共通性時，就會看到我們是多麼地緊密相連。在收銀台後面的女人、快速結帳隊伍裡插到你前面的男人、正在過街的年輕夫婦、在公園裡餵鳥的老人以及那些小鳥。每當你看到一個生命，任何生命，都要記得這點。祝願他們快樂、安詳，以及幸福。這個修習能夠改變你的人生，以及你周遭的生命。

我教導禪修的中心，位於西維琴尼亞鄉下的一個小山丘上。中心剛啓用時，有位路上遇見的人很不友善。我在每天散步的路上經常碰到他；那是條安靜的林間小徑，沒有什麼人車，我總是向每一位經過的人打招呼。每當我看見這個人時，也會對他揮手致意，但他只是對我皺一下眉就把頭轉開了。即便如此，我還是一直對他揮手並和善地想到他，對他散發慈愛。我沒有對他的態度失望；我從未放棄他。每次我看見他，就像對其他人一樣地向他揮手致意。過了大約一年後，他的行爲改變了，他不再皺眉了。我覺得好極了，慈愛

的修習有效果了

又過了一年，當我散步走過他時，奇蹟發生了。他駕車經過我，並且從方向盤上舉起了一根手指頭。再次地，我想，「喔，太棒了，慈愛發揮作用了。」然後，又一年過去了。一天又一天，每當我散步時，我就對他揮手並祝福他。第三年，他對著我的方向舉起了兩根手指頭。然後下一年，他從方向盤舉起了全部四根手指頭。又過了一些時候，有一天我正在路上散步，他正把車開進他的車道；他從方向盤把整隻手舉起來，伸出車窗對我揮手。

不久之後，有一天我看見他把車停在林間小徑旁，他坐在駕駛座上抽著雪茄。我走向他並開始交談。起先我們只是聊著天氣，然後漸漸地，他的故事顯露了。原來他曾經歷過一場很嚴重的意外，有一棵樹倒在他的卡車上，他全身幾乎每一塊骨頭都斷了，昏迷了一段時間。當我第一次在路上看見他時，他才剛剛開始康復。他並不是因爲凶惡刻薄而不揮手；他沒揮手，是因爲他的手指頭完全不能動。如果我放棄了他，就不會知道這個人有多好了。

最後還有一件事：在我出遠門的某一天，他親自來中心找我；因爲他有一陣子沒看到我散步，覺得擔心。

我們現在已經是朋友了。

對各種人培養友愛

你必須找理由對那些相處困難的人培養慈愛。傳統上用不同比喻描述了五種人，這或許可以幫你做到這點。

第一種人是行爲墮落的人；他做壞事，並且態度惡劣。他不知道怎樣才是恰當的言行舉止；他沒禮貌，舉止粗野，對任何人都不尊重。

舍利弗尊者把這種人比喻爲一塊骯髒的破布。假設有位比丘旅行時，在路上看見一塊骯髒的破布，髒到甚至不能用手去撿起來。他用一隻腳踩住破布，再用另一隻腳把土清掉；就用這種方式，只用腳把布弄乾淨些。然後他再用兩根手指頭撿起破布，輕蔑地甩一甩，然後帶回去，好好地清洗乾淨，再想辦法利用。他可以用破布來補僧袍，或做成門口的踏墊。他將這塊破布廢物利用了。

這個譬喻教導我們，當你想對這種人培養慈愛時，要找出某個理由幫你這麼做。破布上一層層的塵土，就像是這種人受到的一層層制約，讓他如此地粗野無禮。他也許是從父母、老師、朋友、教育、教養得到這些制約的；他也許曾受到歧視；他也許童年時曾受到欺負、虐待、恐嚇；他也許未曾受過教育。所有這些你不知道的事，可能造就了他的粗野行爲。這些是他的故事。你不知道這些事，但最好能原諒他的不當行爲，對他修習慈愛。

他正因自己的瞋恨而受苦，應該得到我們的悲憫；他不知道如何處理自己的苦。他也許因爲自己的瞋恨而失去了朋友、家庭、工作、親戚；也許他悲慘地離了婚。我們能看到的只有：他正在受苦。而我們能做的只有修習悲憫，或許這樣能幫他減輕瞋恨，讓他快樂，也或許不能。而如果不能，我們就對他（她）修習平等心，這是種平衡的心態，但並不代表我們就放棄他了，我們要想別的辦法來幫助他。

你還會發現第二種人，這種人開口沒好話，但會做好事。這種人說的話毫無禮貌，只有髒話，但他（她）卻會爲你或爲這世界做些好事。

這種人可能看到你因爲事情做不好而沮喪，他可能會對你說：「笨蛋！白癡！你根本不會做！你這麼做會害死你自己。我來做好了！」然後他可能會幫你把事全都做好了。這是你對這種人培養慈愛的好理由。

這種人雖然口出惡言，卻可能做出很好的事，因此，你應該尊敬他，欽佩他，和他分享慈愛，幫助他改變說話的方式。當你和他來往並表示出慈愛友善時，他也許就會漸漸改變。你從自己內在對這個人生起慈愛，接下來也能讓他的內在生起慈愛。

第二種人就像是一個被水草掩蓋的池塘。當你想下去池塘或從池塘取水時，必須用手把苔癬和泥沼撥開，這樣你才能好好下水或游泳。同樣地，你要學習忽略這種被水草蓋住的人的表面缺點；你要觀察並發現他的心有時也會對慈愛和悲憫敞開，他偶爾會有純淨的心。這是你對第二種人培養慈愛的好理由。

第三種人可能言行都不良，但內在對友善有著微弱的驅動力。這種人就像是路上的水坑。假設你走在路上，既沒水也沒井，你又渴又累，饑渴交加，迫切地想找點水喝；你幾乎快要脫水了。這時，你在牛腳印裡發現了一點水。水並不多，因為牛腳印不深，但的確有水。如果你用手取水，就會把水弄混濁。所以，你該怎麼辦呢？你彎下腰，跪下來，慢慢地把嘴湊近那一點點水，然後輕輕地啜吸，不要攪動了泥巴。雖然水是骯髒的，但還是能夠暫時解渴。你輕輕地啜水，不去管泥巴。就像這樣，我們在言行不良的人身上，至少可以看到潛力。偶爾在某些狀況下，他會打開心胸接受高尚的事，友善及慈悲的事。你應該對這種人修習慈愛，不要理會他所有的缺點。

你會遇見另一種人，即第四種。這種人言行不良，而且他的心對任何高尚的事都不接受。這種人像是個病人，他生病了。這個病人走在一條沒有醫院、沒有村落、沒有同伴、沒有其他人幫忙的路上；沒有水喝，沒有房子可以休息，沒有樹可以遮蔭，只有炎熱的太陽和炙人的口渴。這個人正受到重病的痛苦折磨，他真的需要醫療照顧，否則他一定會死。你看到他，很為他感到難過；你的心融化了。你想：「我能幫這個苦難的人什麼忙？我能為他做些什麼？他需要水、醫藥、衣服，他需要有人幫他。我能怎麼幫助他？」即使有這麼多困難，即使事實上你幾乎可以確定他不會感激你，你還是下定決心要提供服務。

當我遇見這種人時，我會這麼想：「像這樣講壞話、做壞事，他造做了很多不良不善的行爲。他現在正因此而受苦，將來也會受苦。讓我幫助他去除瞋恨吧！」

第五種人的思想甜蜜美妙，他的話友善美好，他的行爲也友善、良好且清淨，各方面都很理想。當然，我們很容易對這種人培養慈愛。即便如此，正念分明地修習慈愛會是很有價值的。

你必須平等無差別地對這五種人培養慈愛；這並不是很容易的事。你必須做出很大的犧牲：犧牲你的舒適，你的想法，你的感覺和態度；要培養慈愛，你必須犧牲很多事。你必須記住，你做這些事的整體目的是讓自己平靜安詳，讓你的身心健康，並讓周遭環境健康。你試著讓和你來往的人感到舒服。要讓他們覺得舒服，首先你要讓自己和他們相處時感覺舒服。當你和他人互動而感覺舒服時，你就可以和諧地進行談話或活動。你必須主動打下這個基礎，讓自己準備好修習慈愛。

當你眞正了解了苦，你的心就會對自己潛藏在內的慈愛敞開，然後你會對一切眾生感覺非常慈愛悲憫，你的心會自然而然地祝願他們能過著安詳和諧的生活。

許多年來，我收到很多受刑人來信想要學法。他們有些人做了很可怕的事，甚至是謀殺這種事。但現在他們的看法不同了，想要改變自己的人生。其中有封信特別有洞見，並且深深觸動了我的心。在那封信中，作者描述了每當警衛出現時，其他受刑人是如何對他咆哮嘲笑。這位作者試著對其他受刑人解釋，這個警衛也一樣是個人，但其他人卻因瞋恨而盲目了。他說，他們所能看到的只有制服，而不是制服裡的人。這個人實踐了慈愛，並因而改變了他的看法。

慈愛並不是只要坐在坐墊上，然後不斷地冥想就好。你必須讓慈愛的力量，照亮你與他人的每一次互動。慈愛是所有良善思想、語言、行爲背後的原則。懷有慈愛，你對他人的需要會比較清楚，並且容易幫助他們。如果有慈愛的想法，你就能溫馨地爲他人的成就感到快樂。你需要慈愛，才能和諧地與他人共同生活及工作。慈愛保護你，讓你免於痛苦、恐懼，以及因憤怒忌妒所造成的不安全感。當你培養慈愛、悲憫、隨喜他人、以及平等心〔慈悲喜捨〕時，你不但讓周圍的人生活更愉快，也讓自己的生活變得安詳快樂。慈愛的力量就像是太陽放射的光，是無可限量的。

慈愛超越了一切宗教、文化、地理、語言及國籍的界線。慈愛是個宇宙性且古老的法則，將我們全部連結在一起，無論我們以何種形式存在。實踐慈愛必須是無條件的。敵人的痛苦就是我的痛苦，他的憤怒就是我的憤怒，他的慈愛就是我的慈愛。如果敵人快樂，我就快樂；如果他安詳，我就安詳；如果他健康，我就健康。就如同我們不分彼此地分擔痛苦一樣，我們也應該和所有地方的所有人分享我們的慈愛。

沒有任何國家可以孤立地不受其他國家幫助和支援，也沒有任何人可以與世隔絕地存在。要生存下去，你需要其他生命，那些和你不同的生命。事情就是這樣。由於我們的不同，修習慈愛是絕對必要的；慈愛是將我們全部連結在一起的共同特性。

爲什麼慈愛對禪那很重要？

沒有慈愛，你便無法修正念；沒有正念，你就無法修慈愛。這兩者總是攜手並行的。當你全心全意透過每個感官對一切眾生流露慈愛時，當你眞誠地這麼做時，障礙是無處容身的。你無法同時散發慈愛並且貪婪，你無法同時既慈愛又恐懼或憤怒，以及懷疑、不安、無聊或昏沉。

當你修習慈愛時，你打造了很強的心靈磁鐵，將人們吸引向你。你無論到哪裡，都會覺得自在。你會覺得周圍的人都對你很友善；而一想到四周都是朋友，你就感到安全。你能夠信任他們，你能夠放心離開家，因爲知道朋友會保護你的家。對於把家交給朋友照顧，你也覺得放心自在。

你的慈愛修習讓你放鬆且安詳，讓周圍的人都喜歡你。你可以睡得很好，沒有噩夢，起床時感到神清氣爽；你和任何人講話都可以毫不生氣，你喜歡他們，而他們通常也會喜歡你。修習慈愛，對修行者本人也是種療癒的禪修，它療癒了憤怒所造成的一切傷痛。當慈愛的力量驅散憤怒時，你會很放鬆、很喜悅。

要記得，不但對他人，對自己散發慈愛也是很重要的。如果你對自己懷有敵意或冷漠，你的修行是不會成功的。先對自己修慈愛，讓自己安詳快樂。安住於這個經驗上，你就能培養對他人的慈愛，祝願他們也一樣安詳快樂。如此，你是從一個平靜、安詳、悲憫的中心向外散發慈愛，所以要從你自己開始。

慈愛禪修〔慈心觀〕

這個段落談到修習慈愛的六種正式禪修。慈愛修習有三個層次：第一是語言層次，第二是思想層次，第三是感覺層次。當你進入禪那時，就體驗到慈愛的感覺層次了。

慈愛禪修的方法指導

先從語言和念頭開始。把下面所列的字句，或將它們稍作修改後唸出來。這裡只是提供一些範例，讓你看到有一系列的相關生命體，以及如何對他們散發慈愛。你先從自己開始，作爲一個安詳及善願的聚焦點，然後往外一層層擴展你的聚焦範圍，直到全世界的眾生都包括在內。

如果這些正式字句引不起你的共鳴，你可以用一些對你眞正有意義的字句。在每一類眾生裡觀想特定的人或動物，在心中清楚地看見他們，讓感覺很眞實並且個人化。某些種類或人會比其他種類要困難。在每一類裡練習，直到你可以做得順暢而眞誠。

探究你身上和慈愛相關的感受。正念分明且深入地去發現，你身上究竟發生了什麼、在哪裡發生，以及究竟是什麼感覺。

聚焦在身體的感覺上，直到它們變成一切想法和身體感受的精髓。這是種超越感官知覺的感覺，幾乎像是給心上了情緒色彩，通常會伴隨著溫暖的感受以及心臟部分的充脹感。

放掉字句、形象、眾生、身體感受，以及階段。超越簡單的思想、情緒，以及身體感受，深入到無形的純然慈愛感覺，體會到慈愛具有生命力的本質。

把自己當作一個輻射器，施放友善慈愛的純粹感覺到全世界並保持住。

慈愛禪修具有讓你達到禪那的潛力。慈愛的純粹感覺的經驗，能帶你跨越障礙直至無言（wordless）。它很接近初禪的感覺，可以做為到達初禪的工具。

慈愛禪修一

願我健康、快樂及安詳。願我不受傷害。願我在心靈修行上永遠成功。願我也有耐心、勇氣、了解及決心，以面對和克服生命中無可避免的困難、問題和失敗。願我永遠能以道德、正直、原諒、悲憫、正念及智慧超越它們。

願我的父母健康、快樂及安詳。願他們不受傷害。願他們在心靈修行上永遠成功。願他們也有耐心、勇氣、了解及決心，以面對和克服生命中無可避免的困難、問題和失敗。願他們永遠能以道德、正直、原諒、悲憫、正念及智慧超越它們。

願我的老師們健康、快樂及安詳。願他們不受傷害。願他們在心靈修行上永遠成功。願他們也有耐心、勇氣、了解及決心，以面對和克服生命中無可避免的困難、問題和失敗。願他們永遠能以道德、正直、原諒、悲憫、正念及智慧超越它們。

願我的親戚們健康、快樂及安詳。願他們不受傷害。願他們在心靈修行上永遠成功。願他們也有耐心、勇氣、了解及決心，以面對和克服生命中無可避免的困難、問題和失敗。願他們永遠能以道德、正直、原諒、悲憫、正念及智慧超越它們。

願我的朋友們健康、快樂及安詳。願他們不受傷害。願他們在心靈修行上永遠成功。願他們也有耐心、勇氣、了解及決心，以面對和克服生命中無可避免的困難、問題和失敗。願他們永遠能以道德、正直、原諒、悲憫、正念及智慧超越它們。

願與我關係一般的所有人健康、快樂及安詳。願他們不受傷害。願他們在心靈修行上永遠成功。願他們也有耐心、勇氣、了解及決心，以面對和克服生命中無可避免的困難、問題和失敗。願他們永遠能以道德、正直、原諒、悲憫、正念及智慧超越它們。

願所有不友善的人健康、快樂及安詳。願他們不受傷害。願他們在心靈修行上永遠成功。願他們也有耐心、勇氣、了解及決心，以面對和克服生命中無可避免的困難、問題和失敗。願他們永遠能以道德、正直、原諒、悲憫、正念及智慧超越它們。

願一切眾生健康、快樂及安詳。願他們不受傷害。願他們在心靈修行上永遠成功。願他們也有耐心、勇氣、了解及決心，以面對和克服生命中無可避免的困難、問題和失敗。願他們永遠能以道德、正直、原諒、悲憫、正念及智慧超越它們。

* * *

慈愛禪修二

看到一切眾生都像你自己一樣，希求快樂，你應該有系統地對一切眾生培養慈愛。

願我快樂，免於痛苦！並且永遠如我自己一樣，願我的朋友們、中立者及敵對者也快樂。

願這城鎮裡、省份裡、其他國家裡及世界體系裡的一切眾生都快樂。

願一切世界體系裡的所有人、個體、生命、生物都快樂。

願所有女人、男人、聖者、非聖者、神靈、人類及惡道眾生都快樂。

願任何方向、任何地方的一切眾生都快樂。

＊＊＊

慈愛禪修三

願我免於瞋恨。願我免於苦難。願我免於憂愁。願我生活快樂。

就如我一樣，也願我的父母、老師們、指導者、友善者、中立者及敵對者，都免於瞋恨。願他們免於苦難。願他們免於憂愁。願他們生活快樂。願他們從痛苦中釋放。願他們合理所得的財富不被剝奪。

願一切眾生：所有有生命的、所有生物、所有人、所有個體、所有女人、所有男人、所有聖者、所有非聖者、所有神靈、所有人類、所有非人類、所有在地獄裡的，以及這個家庭裡、村落裡、城鎮裡、國家裡、世界裡、銀河系裡的一切眾生，無一例外地都免於憂愁。願他們生活快樂。願他們從痛苦中釋放。願他們合理所得的財富不被剝奪。

* * *

慈愛禪修四

願那些沒有腳的都得到我的慈愛。願那些兩隻腳的都得到我的慈愛。願那些四隻腳的都得到我的慈愛。願那些多隻腳的都得到我的慈愛。

願那些沒有腳的都不傷害我。願那些兩隻腳的都不傷害我。願那些四隻腳的都不傷害我。願那些多隻腳的都不傷害我。

願一切眾生，所有有生命的都快樂。

願痛苦不臨到任何人。

願那些受苦的免於痛苦。願恐懼的免於恐懼。願悲傷的免於悲傷。

同樣地如此祝願一切眾生。

從最高到最低的存在界，願在這些界中生起的一切眾生，有形的和無形的，有想的和無想的，都從一切痛苦中釋放並得到圓滿的安詳。

* * *

慈愛禪修五

願一切眾生快樂安全。願一切眾生都有快樂的心。

無論什麼生命都無一例外，弱的或強的、長的、大的、中的、短的、細的、粗的、看得見的或看不見的、近的或遠的、已生的或將生的，願一切眾生都有快樂的心。

願沒有人欺騙他人，也沒有人輕視任何地方的任何人。任何人都不該因憤怒或惡意而希望他人受到傷害。

就像母親願意犧牲自己的生命來保護獨子一樣，對一切生命都應該培養這樣的無量心。

對全世界都應該培養這樣無可限量的慈愛心，向上、向下以及四周都暢通無阻，無有瞋怒或怨恨。

無論是站立、行走、坐下、躺臥或只要是清醒著，都應該培養這個正念；如此就叫做像天神一樣地安住〔梵住〕。

＊　＊　＊

慈愛禪修六

讓我將心朝向東方，願那個方向的所有生命都免於貪婪、憤怒、厭惡、瞋恨、忌妒及恐懼。讓這些慈愛的心念擁抱他們，包圍他們。讓他們整個身心的每個細胞、每一滴血、每個原子、每個分子，都充滿這些慈愛的心念。讓他們的身心都放鬆，並充滿慈愛的安詳平靜。讓慈愛的安詳平靜滲透遍滿他們的整個身心。

讓我將心朝向南方，願那個方向的所有生命都免於貪婪、憤怒、厭惡、瞋恨、忌妒及恐懼。讓這些慈愛的心念擁抱他們，包圍他們。讓他們整個身心的每個細胞、每一滴血、每個原子、每個分子，都充滿這些慈愛的心念。讓他們的身心都放鬆，並充滿慈愛的安詳平靜。讓慈愛的安詳平靜滲透遍滿他們的整個身心。

讓我將心朝向西方，願那個方向的所有生命都免於貪婪、憤怒、厭惡、瞋恨、忌妒及恐懼。讓這些慈愛的心念擁抱他們，包圍他們。讓他們整個身心的每個細胞、每一滴血、每個原子、每個分子，都充滿這些慈愛的心念。讓他們的身心都放鬆，並充滿慈愛的安詳平靜。讓慈愛的安詳平靜滲透遍滿他們的整個身心。

讓我將心朝向北方，願那個方向的所有生命都免於貪婪、憤怒、厭惡、瞋恨、忌妒及恐懼。讓這些慈愛的心念擁抱他們，包圍他們。讓他們整個身心的每個細胞、每一滴血、每個原子、每個分子，都充滿這些慈愛的心念。讓他們的身心都放鬆，並充滿慈愛的安詳平靜。讓慈愛的安詳平靜滲透遍滿他們的整個身心。

讓我將心朝向天界，願那個方向的所有生命都免於貪婪、憤怒、厭惡、瞋恨、忌妒及恐懼。讓這些慈愛的心念擁抱他們，包圍他們。讓他們整個身心的每個細胞、每一滴血、每個原子、每個分子，都充滿這些慈愛的心念。讓他們的身心都放鬆，並充滿慈愛的安詳平靜。讓慈愛的安詳平靜滲透遍滿他們的整個身心。

讓我將心朝向畜牲、地獄界，願那個方向的所有生命都免於貪婪、憤怒、厭惡、瞋恨、忌妒及恐懼。讓這些慈愛的心念擁抱他們，包圍他們。讓他們整個身心的每個細胞、每一滴血、每個原子、每個分子，都充滿這些慈愛的心念。讓他們的身心都放鬆，並充滿慈愛的安詳平靜。讓慈愛的安詳平靜滲透遍滿他們的整個身心。

願全世界所有方向的一切眾生都美麗，讓他們都快樂，讓他們都享有財富，讓他們都有好朋友，讓他們死後都再生於天堂。

願各地方的一切眾生都充滿慈愛、富裕、尊貴、無限的、免於敵對、免於苦難及焦慮的感覺。願他們生活快樂。

願世界各地所有那些被合法或非法監禁的人、所有那些受拘留等待審判的人，都能安詳快樂。願他們免於貪婪、憤怒、厭惡、瞋恨、忌妒及恐懼。讓這些慈愛的心念擁抱他們，包圍他們。讓他們整個身心的每個細胞、每一滴血、每個原子、每個分子，都充滿這些慈愛的心念。讓他們的身心都放鬆，並充滿慈愛的安詳平靜。讓慈愛的安詳平靜滲透遍滿他們的整個身心。

願全世界所有方向的一切眾生都美麗，讓他們都快樂，讓他們都享有財富，讓他們都有好朋友，讓他們死後都再生於天堂。

願所有被成人以各種方式虐待的兒童免於痛苦、苦難、沮喪、失望、不滿、焦慮及恐懼。讓這些慈愛的心念擁抱他們，包圍他們。讓他們整個身心的每個細胞、每一滴血、每個原子、每個分子，都充滿這些慈愛的心念。讓他們的身心都放鬆，並充滿慈愛的安詳平靜。讓慈愛的安詳平靜滲透遍滿他們的整個身心。

願全世界所有方向的一切眾生都美麗，讓他們都快樂，讓他們都享有財富，讓他們都有好朋友，讓他們死後都再生於天堂。

願所有的統治者都溫和、仁慈、慷慨、悲憫、體貼，並且對受壓迫、相對貧困、受歧視、極度貧困都有最佳了解。願他們的心因不幸人民的受苦而融化。願受壓迫、相對貧困、受歧視、極度貧困的人都免於痛苦、苦難、沮喪、失望、不滿、焦慮及恐懼。讓這些慈愛的心念擁抱他們，包圍他們。讓他們整個身心的每個細胞、每一滴血、每個原子、每個分子，都充滿這些慈愛的心念。讓他們的身心都放鬆，並充滿慈愛的安詳平靜。讓慈愛的安詳平靜滲透遍滿他們的整個身心。

願全世界所有方向的一切眾生都美麗，讓他們都快樂，讓他們都享有財富，讓他們都有好朋友，讓他們死後都再生於天堂。

5

觀呼吸

除了我們剛剛談到的慈愛禪修之外，還有一種禪修對於建立修定的基礎，有著難以估量的價值，那就是觀呼吸。

如何觀呼吸是個很大的題目。在我的前一本書《平靜的第一堂課：觀呼吸》中，已經有完整的說明了。如果你對於觀呼吸的方法還不確定，請看那本書或是任何其他廣受好評的入門書。不過爲了現在的目的，我將在此扼要重述。本章僅就如何應用觀呼吸來獲得深度專注，列出一些簡單的指示。

首先，把心固定在呼吸上並保持在那裡。剛開始時可以注意腹部或胸部的起伏，但之後就應該把注意力移到鼻孔或上嘴唇。你會在那裡觀察到，在單一點上有清楚的感受。

停在那個單一點的感受上。當任何念頭、感覺或感官知覺把你拉跑時，只要注意到它們的無常、快速飛逝即可。它們生起，停留一下，然後滅去。只要重複不斷地看到那個現象，如此，每個讓你從專注對象分散注意力的東西，都成爲解脫過程的踏腳石。在每個分心的東西裡看到無常，只要這樣，僅僅如此可能就足以引導你進入眞正的定。

如果分心的東西不肯離開或持續的回來，就分析現在生起的是哪一種障礙（蓋），然後應用某種或多種方法對治。這在下一章會談到。

也要記得，有時候你的心像是一杯混濁的泥水，你要如何才能從混濁的泥水裡得到清水呢？你只要把這杯水靜置在一個平面上。同樣地，當心裡的渾濁沉澱下來時，你的心就變得清明了。然後，理想上，你應該就能好好坐上一小時了。即使你有疼痛，也不該移動（雖然坐著時也不要採取某種會導致酷刑般疼痛的姿勢）。讓身體的感受退到背景去。

當你想要獲得專注〔定〕時，不要去注意呼吸的細節，如生起、滅去等等。如果你就是注意到了呼吸的生滅、腹部的移動等等，也不必擔心，只要注意它們，直到你的心靜下來。不要探究或細查，只要注意呼吸的整體感覺，單一流動的過程。不要思考或分類或概念化，然後，心就會自己轉變成純粹的專注。

呼吸的內觀

有時候在你開始禪修時，心是騷動不安的，很難保持專注在呼吸上。你需要有趣的東西好吸引你的注意力。但是關於呼吸，有什麼可能是有趣的呢？你一輩子都在呼吸，並且認爲理所當然。呼吸不是世界上最無趣的事嗎？

不過，的確是有些什麼在進行著。事實上，傳統的估計是有二十一件事不斷重複地進行著。這些是你可以注意到的，可以把它們當作內觀的對象。你可以把當中的每一個都當作不同的個別事件來注意——如果這樣有助於你保持專注在所緣的話。

每一個呼吸都有重複發生的二十一點。

吸氣時：開始、中間、結束、短暫停頓。

呼氣時也有同樣的四件事。這樣就有八點了。

你也可以認出下面這四點：壓力，當肺部充滿了吸進的空氣時，我們就體驗到壓力；釋放，當你呼出空氣時會釋放壓力；焦慮或迫切，當你呼氣而肺部沒有空氣時，會有一點點焦慮或迫切；解除焦慮或迫切，當你吸進空氣時，焦慮會減除，而你體驗到緩解。

此外還有四大元素：土元素，氣息接觸你的鼻孔，鼻端或上嘴唇以及兩眼間鼻子的內部；這個接觸有時是重的，有時則是輕的，那是土元素的表現。水元素，氣息有時是溼的，有時則是乾的，這是因爲我們呼出吸進的空氣中有水元素。火元素，氣息有時是暖的，有時則是冷的。風元素，空氣本身，氣息裡當然存在著的。

你也可以觀察五蘊，傳統上如此稱呼身心的構成（蘊聚）。五蘊是色（形體）、受（感受）、想（認別）、行（意志形成）、識。色蘊：氣息有一種形狀。由於氣息裡有四大元素，因此經典說氣息爲一種身體——息身。受蘊：我們必須能感覺到氣息，才能注意氣息並用它當作禪修的所緣。想蘊：我們必須在心理上認別氣息，才能認出它的存在；這個認別功能屬於想蘊。行蘊：我們有意地注意呼吸、感受，以及認別。識蘊：最後，我們如果沒有「識」，就無法做任何上面所說的事。

這二十一點總是重複地存在，而正念分明地觀呼吸即可完全覺知到。

要特別注意焦慮或迫切的來去。我們許多行爲的動機都是焦慮，尤其是那些其實如果不焦慮就會更好的行爲。關於你自己的情緒，其實還有很多需要學習的。十足滿脹的焦慮通常顯現爲持續重複地思考你的處境，以及心臟、肺及胃附近有某些感受，再加上心裡有一種難以察覺的「滋味」（flavor）。這裡給了你一個研究細微焦慮如何顯現的機會，如此，以後當焦慮強大時，你將能夠更深入地研究。這是內觀技巧一個很棒的實際應用。

四大元素

四大元素是一個幫助你發展正念的分析系統，和觀呼吸的正念修行一起運作得很好。這是個古老的分類設計，用以看待我們自身經驗的本質。用地、水、火、風這四個象徵特性來分析我們的每一個經驗，這些象徵特性類似某些我們在世上所見的主要事物。

請記住這些不僅只是字句而已，也不是只有深思者或精神超人才能有的高深哲學或神秘特質；這些就是你當下正在經驗的東西。四大元素的每一種元素，都顯現在每一個正念分明的呼吸裡。

土元素代表堅固、沉重、硬度、密實的性質，其特性是堅硬或柔軟。坐著時嘗試去感覺，把注意力放在身體和座位接觸的堅實感上。感覺你的腳踏壓著地面，這些是硬的感受；感覺空氣和皮膚的輕柔接觸，那是軟的感受。這就是土元素。

氣息本身會展現土元素；呼吸可以是重的或輕的。除非是活生生的人在感覺，否則是不會有任何感覺的，而你可以感覺到這堅實感。你感覺到氣息所接觸的任何身體部位是堅實的，你感覺到腹部起伏的堅實感，你感覺到氣息經過鼻孔時的堅實感。有時候氣息本身會有點粗糙，有時候氣息很輕柔，讓你幾乎感覺不到。

這其實是個很簡單的概念。太簡單了，以致於除非有人指出來，否則我們都忽略了。

正念分明的呼吸，爲我們顯示出自身經驗中的硬、軟和堅實性質。

水元素有著溼潤或流動的性質。血液流經血管，你的胃在消化食物時脈動且汩汩作響。現在就有各種擠壓、咕嚕和唧唧作響的感覺在發生著，只是你大多時候都忽略了。當你禪修而安靜下來時，這些就顯露出來了。任何潮濕、濕潤或黏膩本質的感受都屬於這個種類。

呼吸有著流動的性質。有時吸進了潮濕的空氣，你就感覺濕潤。當外面的空氣乾燥時，你可以感覺到呼出的氣息是比較濕潤的。當你專注在呼吸時，身體其他部位的感受會分散注意力，它們有些也有這種流動性質。

正念分明的呼吸，爲我們顯示出自身經驗中的液態、濕潤和流動性質。

風元素的主要體驗是移動或靜止。任何東西的移動性質，就是透過那個東西所展現的風元素。你感覺皮膚有點麻刺或振動，像是有東西在移動。也可能在深處有推磨的感覺，那也有移動的性質。血液的流動展現水元素；而這相同的感受，也能展現風元素，如果你只觀它爲純粹移動的話。

風元素也可能被體驗爲空間：呼吸進行時，氣息移動的空間。有時候身體感覺像是間空房子，一個空曠的空間，只是一個讓各種事物發生進行的軀殼，也或許根本沒什麼事發生；你還是會感覺到風元素，一個空的地方，裡面沒有東西或只有靜止。

呼吸是不停移動著的。腹部充脹了，升起又降下，實體的空氣進來又出去。即使在暫停的間隔裡，也有空洞或讓所有事情發生的空間感。

正念分明的呼吸，爲我們顯示出自身經驗中的移動、靜止或空間性質。

火元素展現爲熱或冷或任何溫度的感覺，也展現爲伴隨著熱的乾燥感受。當你覺得熱並想要涼快一點時，在念頭出現前的純粹感覺就是火元素的展現。房間的溫度下降而你感覺到冷，這也是火元素的展現。溫度感覺中性不明顯，你必須尋找任何溫度感，這也是火元素。

身體上的任何感受，只要有活力或燃燒或寒冷性質的，都是火元素在作用。有各種不同的感覺：活力充沛四處竄動、快速振動、燃燒和刺骨的冰冷。

通常在鼻孔可以感覺到吸入的氣息是冷的，呼出的氣息比較溫暖。有時你被周圍的溫度分散了注意力，感覺到皮膚上周圍空氣的溫度，那是火元素。

正念分明的呼吸，爲我們顯示出自身經驗中的冷熱或活力性質。

所以，這四大元素的分類設計究竟有何意義？我們觀察息身裡的四大元素，以此作爲禪修練習以精確地檢視我們的經驗。對於禪修所體驗過的每一種物質經驗，我們靜靜地自問：「現在是以四大元素中的哪一個爲主？」總目標是要推動我們，可以說是違反自己意願地去接觸感官眞相純粹的、體驗性的本質。訓練心去看到物質體驗的衝擊只不過是元素的振動，以破解我們平常的心理習慣。這讓我們從通常會生起的概念，以及對那些概念的心理反應中得到自由。

同時就像其他的內觀禪修一樣，當密集的檢視讓你能只是無語、非概念性地觀察所發生的事時，你就放下了語言，放下了標籤，只是坐於變化當中。

養成每天禪修

我發現最佳的日常養生法，就是結合這裡所說的兩種主要的修法。利用慈愛禪修讓心為禪定做好準備，然後用呼吸或慈愛感來進入禪定。

利用呼吸的好處是，我們大多數人都已在過去的禪修練習中養成了這個習慣，這已經是我們所擁有的了。對我們多數人來說，當心安靜時，自然就會轉向呼吸；我們已經訓練心這麼做了。而利用慈愛的好處是感覺的相似性，慈愛的平靜喜悅感覺和禪定中的感覺相似。

你會選擇哪一個，通常和你的個性有關。選擇那個對你最有效的來利用，但記得都要以慈愛開始。如果你要轉換到呼吸，就讓慈愛先平靜你的心。出於習慣，心通常會自然轉向呼吸；這個轉換應該要溫和，儘可能讓它自動發生。

你可能從形式地唸誦你的意向開始，但你要以自己的方式去真正感覺到它。當你用自己的想法、個人的內在語言、平時你在腦海裡自我對話的方式來表達時，通常都非常有效。我通常都這麼想：

讓我清除心中的怨恨、憤怒及瞋恨。讓我驅逐心中的想要、需求及不安。讓我的心明亮、清醒並且覺知。讓我的心充滿友善的感覺。

讓清明的心體驗清明的法。讓我的心充滿悲憫。讓我懷有慈悲，好感覺他人的苦以及自己的喜悅。讓我有力量而無困難地修行。讓我找到安詳喜悅，並給予每一個人安詳喜悅。

我要在這一座中保持心的警覺。我要得到專注定力。我眞誠地想要了解法，並且將我對法的了解跟每個人分享。我沒有任何不可告人的動機。我爲了自己和每個人而這麼做。我們都能受益。

我要我的心清明。我要每個人的心都清明。我要爲自己和每個地方的每個人都找到安詳和喜悅。

我爲了自己和每個人而做此修行。我淨化自己的心，以品嚐深埋於內心、埋在思想之下的安詳和喜悅。我爲了自己和每個人而要有安詳喜悅。我要以智慧之眼見到無常以獲得自由，並且幫助他人也得到自由。

你可以用任何你喜歡的話語，在心裡產生友善、安詳的想法；要把這當眞。以形式的唸誦起頭雖好，但你自己的想法通常效果會更好。

要記得你的目標：在一切存在中看到無常。保持明亮清楚的正念，照亮任何生起的障礙。在障礙生起時就認出來，知道是哪一種蓋。利用下一章會講到的辦法來克服障礙。看守著，在障礙生起時要知道，它不在了也要知道。看到障礙的無常。

當心變得安靜、靜止並且喜悅時，讓注意力滑向呼吸，或者就乘著安詳滿足及善意的感覺進入禪定。

保持注意力在所緣上。讓心停留在那裡；看著它，看著「禪相」（the sign）生起（我們在後面會說明這是什麼）。看著你自己正看著禪相，並注意自己的欲望或任何反應。保持在所緣上，了知安詳。

要記住，禪那發生時就發生了，這是不能強迫或催趕的。每個表面上的失敗，其實都是向前更進一步。當你希望禪那發生卻不發生時，用正念注意生起的挫折感。每當你這麼做時，你就在加強正念，並且更進一步接近目標了。

你不會失敗的，除非你放棄。

6

爲什麼
我們現在無法高度專注？

為什麼我們必須學習才能專注？為什麼我們必須練習才能發展這個能力？理論上，這個能力應該是心自然本有的特質。因為分心的東西出現，把我們的注意力拉跑，所以我們必須練習；就是這麼簡單。這些分心的東西出現在路上，阻礙我們在正道上前進。

我們的心充滿了念頭和情緒，而我們認為這樣是正常的。這些念頭和情緒即使份量不多，也是威力強大而且誘人的，一下子就吸引住我們，主宰了我們的注意力。它們是分心的東西，因為這些東西，讓心不能聚焦在當下。

試著不要想到恐龍。

只要一分鐘就好，就坐在那裡，不要想什麼粉紅色的恐龍。試著改想噴射機好了；不要讀下去了，現在就試著那麼做。

不太行得通，是嗎？這個建議的力量頗強，一直把我們拉回到粉紅恐龍的影像上面去，是不是？而且對我們多數人來說，粉紅恐龍還不是我們眞正黏著不放的。但如果是帳戶沒錢了卻有帳單要付呢？如果是關於性、羅曼史、你的工作、還有那個恨你的人呢？那些事的力量可要強大得多。你有沒有試過在艱難的一天過後，在所有事都出錯，而且你筋疲力盡且困惑懷疑時，讀書或打坐？那非常困難。

巴利經典中列出了最有力量讓我們分心的五件事。無論是否在坐墊上靜坐，這些障礙〔蓋〕都擾亂著我們的專注力。

感官欲望。我們看見某個東西並且想要，或是我們想到什麼並且想要。我們想要陶醉在美好的音樂中；我們想要室溫涼一點或暖一點；我們想要那輛新車；我們想要那頓大餐；而且我們現在就想要。一旦類似的想法進到心中，就會一再地重複出現，直到我們得到想要的，或是對於得到它已經絕望爲止。我們對它著迷了，日以繼夜地想著它。爲了耀眼卻無價值的小玩意兒，我們犧牲了生命中眞正美好的事物。這些念頭是連續不停且令人沉迷的，以致我們無法專心於任何其他的事。

惡意、**瞋恨**。我們厭惡生病；我們厭惡煩人的噪音；我們厭惡這個食物，想要別的；我們希望那個讓我們這麼難過的人，最好掉到洞裡消失不見。每當生命給我們一些我們眞正痛恨的事時，我們的心就卡在那裡了。這摧毀了我們專注的力量。

不安及憂慮。我們不希望得到癌症；這件事尚未發生，也許永遠不會，但即使可能性極小，我們也會擔憂。我們不希望失業、或離婚、或發生交通事故；我們擔憂並且焦躁。我們計畫著如何得到某物，然後一直思索著可能得不到它。這些想法讓我們夜不成眠，使我們錯失眼前的美好事物。有時候我們就是坐立難安，甚至說不出爲什麼會如此。我們充滿了神經質的焦慮，身體顫抖，心飛掠過一件件沒有用的事。在這種狀況下，我們絕對無法專注。

怠惰及昏沉。有時候我們實在太累了，心理上、身體上疲累，或者身心都累。睡覺好像很好，我們想要睡覺；我們就是沒有動力或精神。有時候我們就是不能清楚地專注。當我們試著閱讀時，同一段讀了三遍還是不知所云。當我們試著打坐時，心就像是隻暈眩的灰青蛙，什麼都是模糊而朦朧的。所以我們可能就放棄了，去看電視或做其他能敲醒我們的事。專注需要精神、活力、清明，以及敏銳，但在這種狀況下，我們就是沒有。

疑惑。有時候我們開始禪修或做其他的事，但卻充滿了不確定。我們懷疑：我這樣眞的能進步嗎？這眞的値得花時間嗎？我怎麼知道我被告知的事是眞的？我做得對嗎？我做錯了嗎？就是沒有確定。心躊躇猶疑，從在做的任務上退縮了。我們可以將事情延後，直到我們能夠完全確定。不過生命中少有能夠完全確定的事，而任務將永遠不能完成。有時候生命就是需要下點賭注和一些信賴，否則我們將無法讓心專注在一件事上。

障礙如何壯大？

障礙的出現是三種錯誤行爲的結果。**錯誤的想法**：貪愛、瞋恨及殘酷的想法。**錯誤的言語**：謊話、粗言惡語及無聊閒話。**錯誤的行動**：殺生、偷盜、不當的感官娛樂。

此外，還有一些有害的習慣會助長障礙。

不正念省思：我們在心中細加思量的事摻雜了情緒反應，這重複的情緒轉變成套牢我們的習慣。我們必須注意我們習慣性的想法，以及讓我們的感官習慣性地留戀徘徊的東西，否則我們就污染了原想要淨化的心。

不聽聞正法：要脫離套牢我們的陷阱並不容易；脫離之路是微妙而易被誤解的。對於我們以爲能解救我們的辦法，我們必須要檢查其來源。其中一點就是：我們必須確定這辦法的來源並沒有不可告人的動機。很多事聽起來都很棒，要決定某個組織系統是否值得參與，我們必須小心檢查那個系統實際上製造出哪種人。透過武力、盲從或宣傳壓力來擴展的組織系統，通常不會讓我們趨向安詳與智慧。

結交不良朋友：我們從周圍的朋友那裡吸收想法、態度及行動。我們應該只與那些和我們相當或比我們更好的朋友來往。

專注和正念能阻止障礙

專注能抑制障礙。相對地，要得到專注，我們必須用正念暫時阻止這些障礙在心裡出現。當我們成功阻止了這五種障礙〔五蓋〕時，我們就體驗到極大的釋放感，而此釋放感會逐漸加強直到變成喜悅。

正念和正知屬於內觀修行的範疇，但爲了要修禪定，我們必須用正念來克服障礙。障礙不會自動消失，正念和專注必須要一起作用。

我們必須用正念來了解關於障礙的五件事：它們何時存在，何時不在，如何生起，如何讓它們離開，如何避免它們在未來生起。

克服障礙的技巧

當你在禪修卻受到障礙分心時，想一下現在是哪個障礙在主宰著心，然後就使用列表中的某個或多個方法來對治。我們會檢視這些障礙的症狀、它們的營養素（那些維持障礙的因素），以及每一種障礙可能的對治辦法。

感官欲望

症狀：關於你想要獲得、想要做、想要擁有或得到的分心念頭。讓我們分心的念頭，大多含有想要與現在不同的因素在內。計畫一直都是這樣的，這些念頭是連續不斷且令人沉迷的，讓我們無法專心於任何其他的事。

營養素：經常無正念地注意與欲望相關的念頭。感官欲望的滋養品是不正念省思，而克服之道就是正念省思。

對治辦法：當你正細想著某件事時，你可以令它消失，辦法是細想下列較健康的事：

- 純粹正念：當欲望生起時，注意它的出現。當欲望消失時，注意它不在了。

●正念省思：產生一個眞正健康的想望，凌駕於不正念省思並加以擺脫。產生與它相反的、正念的省思。

●自我鼓勵：你可以實際默默地對自己說話，提醒自己良善的意向。

●八正道：要永遠擺脫感官欲望最直接的方法，就是修行整個八正道。記起這些步驟。現在缺乏的是哪一個？你生命中最缺乏的是哪一個？下決心要努力加強。

惡意（瞋恨）

症狀：當你的念頭揭露出不仁慈或侵略性的動機時，即使只有一點點，你也有著惡意。在那種狀況下，你無法欣賞任何人或任何事的美。一旦達到怨恨或瞋恨的程度時，你就像是桶沸騰的水一樣，非常熱而且困惑。這些念頭是連續不斷且令人沉迷的，讓我們無法專心於任何其他的事。

營養素：細加思量你的憤怒。惡意可以從一個很小的不悅或些微的刺激開始，如果你沒有在這個階段處理，惡意就會逐漸增長爲嫌惡、憎惡、憤怒、怨恨或瞋恨。這來自於你對於憤怒對象的不正念省思。你對惡意、憤怒細加思量，一再重複地思索；你一直在餵養憤怒。

對治辦法：憤怒一生起時就抓住它。它一生起就盡快使用正念，別讓它擴展。

- 隔離憤怒：在心中把憤怒當作一個事件加以隔離，把會引發憤怒的行動、人、情境或記憶分隔開來。讓憤怒只是在心中反映，沒有誰在憤怒。讓它純粹只是一種能量。
- 對自己說話：給你自己一場仁慈但完整的說教。
- 數息：以本章後面所說的特別方式數呼吸。
- 禮敬佛陀：讓你對佛陀及其法教的尊敬出場，說「禮敬佛陀，世尊，完全覺悟者」三次。憶念佛陀的無限耐心、悲憫及慈愛。
- 想想發脾氣是危險的，以及憤怒的悲慘後果。
- 試著看一個完整的人：停止細加思量那個人或情境的負面，想想好的部分。
- 觀無常及緣起：利用憤怒來促進你對眞理的全面體悟。觀憤怒及其起因是無常的，體悟到憤怒及其起因是無常的。觀憤怒是依因緣條件生起的。

- 對自己仁慈：有時候你也會對自己憤怒。要原諒自己，想想你的良好特質，以及你奮力想要成就的。
- 記得你將會死：你眞的想心懷憤怒地死去嗎？要記得，每當你以憤怒說話或行動而傷害他人時，首先已傷害了自己。你在傷害別人之前已經先傷害了自己。
- 別責怪任何人：要記得這只是個情境。別人也有他的觀點，而他確信他的觀點，就像你確信你的一樣。
- 培養感恩心：用慈愛來培養對所有人的感恩心，這會消融掉憤怒和惡意。
- 對痛苦說話：憤怒造成痛苦，而痛苦造成憤怒。對痛苦、你的懶惰、老化、恐懼說話，這些可以非常有用且重要。

惡意是個很大的題目。不是只有憤怒黏住我們，還有悲傷、恐懼、沮喪等等。你對任何東西都可能有惡意：你的背部或腳上的痛、晚餐的滋味、你住的房子或你的薪水。這一節說的是可以應用在人際關係上的藥方，亦即你與周遭人們的來往互動。但你在這幾頁所讀到的一般原則，也可以應用到你所瞋恨的任何事上。我建議你想一下，你將如何把所讀到的應用在生活中的眞實情境上：你的疾病、繳稅、最親密的朋友死亡等等。

不安及憂慮

症狀：你有顆「猴子心」，不斷地從一個念頭跳到另一個念頭，呈現出心裡的恐懼、緊張、焦慮，以及神經過敏、緊張兮兮的感覺。無論是心理上或身體上，你就是無法安定下來。有時候這一切都太微細了，讓你難以確定；有時候又太過強烈，讓你無法對準焦點看清楚。

營養素：對於憂慮的思緒及不安的感覺，經常沒有小心注意。

對治辦法：按照本章後面說明的方法數呼吸。

怠惰及昏沉

症狀：怠惰及昏沉是傳統上對於心的睏倦、無生氣、呆滯的通稱。睏倦及瞌睡是另一個常見的翻譯。有時候你在心理上、或身體上、或身心都太疲倦了。睡覺應該很好，你想要睡覺。你就是沒有動力或精神；有時候你就是沒辦法清楚地專心。專注需要精神、活力、清晰及敏銳。在這種狀態下，你就是沒辦法專注。

營養素：當你正念分明地呼吸時，身和心都放鬆下來了。你通常會感覺睏倦而打瞌睡。睡眠非常甜蜜誘人，你想要睡覺，想要留住睡意。但眞正的喜悅不會從睏倦或瞌睡中生起。別自我欺騙，誤把睡眠令人厭煩的甜蜜當作眞正的喜悅。這會讓你遲鈍，讓你失去精力。佛陀說：「法是培養精進力的，而不是培養惰性。」

對治辦法：試試下面的方法：

- 正念省思：對於昏沉睡意也一樣，你必須應用認知上的正念省思。進行一場默默的自我對話來喚醒自己，鼓勵並激勵自己。
- 睜開眼睛：睜開眼睛並轉動眼球幾分鐘，再閉上眼睛回到正念的靜坐練習。
- 觀想明亮的光：觀想一道很明亮的光，並專心注意亮光幾秒鐘。由於你正觀想著亮光，睡意通常就消失了。

- 憋住呼吸：深吸一口氣然後憋住，愈久愈好，然後再慢慢地呼出。重複這樣做幾次，直到你的身體發熱且出汗，然後再回到靜坐練習。
- 捏你的耳垂：用大拇指和食指用力地捏耳垂，用心去感覺。這出乎意料地有用。
- 站立：很緩慢、很安靜地站起來，試著讓即使坐在你旁邊的人也察覺不到。站著禪修幾分鐘直到睡意離開；等睡意離開後，靜靜地再回到靜坐練習。
- 行走：行禪幾分鐘直到睡意消失，然後再回到靜坐練習。
- 潑水：用冷水洗洗臉。
- 休息：去小睡幾分鐘。有時候想睡，事實上就代表我們需要睡眠。

疑惑

你不確定你目前或你的人生應該要做什麼，有些事你並不相信。你不斷轉著一些「什麼？」「爲什麼？」「這樣對嗎？」「這樣錯嗎？」的念頭。

對懷疑的事不正念省思。有疑惑是自然的，但對疑惑細加思量，以致佔據了你整顆心，讓你不得安寧，則是不自然的。對於疑惑不正念省思地細加思量，對治辦法就是正念省思。

對治辦法：對於下列之一正念省思：

- 佛陀：佛、法、僧的特質。
- 法：探究法並觀察其運作，然後想想你曾經閱讀過的，以及你自己的改變。你從而獲得信心，疑惑也就減輕了。當你看見並探究法的眞相時，你的疑惑就漸漸消失了。
- 過去的成功經驗：任何過去曾有的，成功地克服貪愛、惡意、不安及昏沉的經驗。

數呼吸以抑制障礙

佛教的宇宙論認爲，邪惡的「魔王」（Mara）是不善以及靈命死亡的化身。他是誘惑者，藉著世間的誘惑或似是而非的伎倆，讓人們離開心靈修行的生活。當障礙生起時，你可以用特別的方式數呼吸，作爲打敗魔王軍隊的有效方法。

吸進呼出，然後數「一」。

吸進呼出，然後數「二」。

吸進呼出，然後數「三」。

用這個方式數到十，然後從十往下數到一。從一往上數到九再往下數，往上數到八再往下數到一，然侯往上數到七再往下數到一。持續減低最大的數字，一直到一，然後停個一兩秒鐘。

當你這樣數時，障礙就來干擾了，它們把你的心從數字拖跑了。只要你一發覺自己分心了，就回來繼續數。

當你回來時，也許已經忘記剛剛數到幾了，或者忘了是正往上數還是往下數。假設你在數到六時分心了，當你回來時，忘了應該從六繼續往七數或是往五數。

那就從頭來過。仁慈地、輕輕地責備自己，讓自己整個再從最開頭數起。當這種情形發生過幾次後，你會下定決心不再讓心東飄西盪，然後心就能固定在呼吸上，而你也打敗魔王了。當你對自己和自己的修行完全有信心時，就可以停止，然後回到平常的禪修練習。

如何去除障礙？

你如何「殺掉」障礙？「觀察它至死」。你經常用覺知的熾烈光芒照耀障礙，它就會消融掉了。通常你並不會注意到障礙正在死去。當你在修習覺知時，常注意到「它還在那裡，它還在那裡。它什麼時候才會離開？」但有一天你會說：「知道嗎？我最近已經都沒看到某某某了。不知爲什麼？的確，它終於已經走了！」我們通常可以看到障礙在的時候和不在的時候，但看不到障礙漸漸減弱、減少的「離去」階段。

障礙的去除有三個階段：階段一是持守道德倫理戒律，以及守護感官門戶。這個階段避免了這些煩惱的粗顯表現，感官也變得比較平靜。在這個階段，你使用正念省思，刻意思維感官所接觸的這些對象的本質。

階段二是獲得禪那，在禪那中五蓋暫時停止。在這個階段，感官知覺本質的有意思考並不會發生。你的感知轉而向內，對於感官知覺本質的體認則是無言而自動發生的。

第三階段是最後及完成的階段，獲得完全覺悟。在這個階段裡，所有潛伏的煩惱（隨眠煩惱）全部從心中連根拔起了。

結（結縛）

「結」就是心理的潛伏煩惱，是障礙的根源。結是根，而障礙是其分枝。沙漠植物必須從乾透的土地裡吸取每一滴珍貴的水氣，為此，根部系統通常很巨大，比地表上可見的部分要大得多。

結也像是眼睛裡的白內障。修習禪定而使心清淨無障礙時，就像是用眼藥水使眼睛暫時清明，但是無明仍然存在，困惑還是會再生起。去除這些障礙就像是動手術去除眼裡的白內障，使我們能再看得很清楚。當障礙從心裡的智慧之眼去除時，我們就能看見一切緣生事物皆無常的眞理，而這導向完全的自由。

總共有十種結：五下分結和五上分結。從第十二章起，你會學到如何去除這些結。

五下分結

我見：「你是一個永久的自我」的見解，相信有一種「你」存在於你的快樂之中。如果你可以為「你自己」獲取更多，一切就會OK的想法；或是擺脫某種情境或性質，或變成怎樣不同的想法。

疑：關於眞正重要之事的根本疑惑，例如是否可以相信佛、法、僧。懷疑道德的重要性；懷疑主要關鍵的佛法，例如業及輪迴法則（不要和轉世混淆了）。

儀式及典禮（戒禁取）：相信你能藉由遵循某些形式，依附某個信仰系統而得到解脫。依賴儀式及典禮作爲精神修行，而非透過自己的努力以尋求眞理。要注意，並非只是對儀式的信仰會造成傷害，而是對於它們的執著。

對感官娛樂上癮（欲貪）：相信某事或某人會來到你的生命中，並去除所有平常經驗裡與生俱來的痛苦，某些愉快喜樂會徹底改變你對自己和這世界的感覺。

依賴瞋恨（瞋）：覺得你可以用拒絕和攻擊讓一切事情都變好。

五上分結

對精細的物質存在的欲望（色貪）：相信持續存在於這個世界，可以解除那遍及一切經驗、與生俱來的痛苦。

對非物質存在的欲望（無色貪）：相信如果你繼續存在於某種其他的狀態或地方，一切就會ＯＫ。

自我（我慢）：太過於自傲，對自己的性質和能力有高度及不正當的看法；自我感覺太良好。

不安（掉舉）：總是希望事情改變，對當下從來都不滿意。

無明：不如實看待世間。對於無常、苦、無我以及四聖諦盲目不見。

以禪那摧毀無明

這些結可以歸納為三個潛伏煩惱：貪、瞋、癡。這裡面，癡或無明是最深的。無明不能靠自己存在，而是需要被餵養，其營養素就是障礙（蓋）。當我們讓障礙暫停時，就能獲得禪那。然後，定減弱了我們的貪，而貪是苦的主要起因。

然後我們用禪定力以獲得智慧，那是在最深層次了知事物的智慧。結合了定和慧的力量，我們完全根除了障礙，然後我們就可以從根剷除無明結。

進展是這樣的：你暫時克制障礙以得到禪那，然後用禪定力獲得智慧，結合定與慧的力量，你去除諸結，並開始可以更容易地從根去除無明；最後，定和慧將障礙和結一起滅弱並摧毀。當障礙和結被摧毀時，無明也就容易摧毀了。

克服障礙而得到禪定是心的一種很健康的狀態，可以用來了解實相。此時，安詳、快樂及心理健康達到了巔峰。

這個清楚了知和有力的專注結合在一起，成爲保持完美心理健康的強大團隊。這就是爲何佛陀說：「專注的心如實看見事物本來的樣子。」

自我談話

我前面談到過「對疼痛說話」。在坐墊上或下座時，我們都會有負面情緒生起而困擾我們。和自己進行談話可以是個很有用的工具。下面是用身體疼痛爲例子，這種自我談話在各種情形下，對於安定自心都很有用。

當疼痛生起時，我們必須和它談話。我們要這麼說：

這個痛不是什麼新東西，我以前就有過這種痛，過一陣子就消失了。這個痛也一樣，不是永久的，是會消失的。

我整個人生裡，已經遭受過很多很多身體上或心理上的痛苦，最終都過去了。我的痛苦不是什麼特別的，所有的生物都有某種痛苦。

我必須完全不分心地注意這個痛。佛陀教我們將痛當作禪修對象，它是四念住之一。佛陀教我們知道樂受爲樂受，苦受爲苦受，不苦不樂受爲不苦不樂受。

我必須學會耐心。佛陀在獲得覺悟之前，禪修時經歷了巨大的痛苦。即使覺悟後，他也有疼痛。有一次提婆達多朝佛陀丟石頭並砸傷了他的腳，佛陀也以耐心忍受了。

疼痛難免，但受苦則可以避免。我不應該因疼痛而受苦；我應該利用這個疼痛來擺脫受苦。

在運動領域中，我們說「沒有痛就沒有得」。眞的，沒有不勞而獲的。在精神修行領域中更是如此，佛陀稱此爲「逆流游泳」。

在《鋸喻經》中，佛陀說：

比丘們，即使強盜們用雙柄鋸子，
殘酷地一一切斷你們的手足，
如果有人對他們心生怨恨，
就不是遵循我的教導。
於此，比丘們，你們應該這樣訓練自己：
「我們的心將不受影響，
我們也不發惡言，
我們將爲了他們的幸福而持續心懷悲憫，
心懷慈愛，沒有內在怨恨。
我們將持續用充滿慈愛的心，

環抱他們；

從他們開始，一直到包羅萬象的全世界，

我們將持續用懷有慈愛、豐裕、高尚、

無可限量的心，毫無敵意及惡意地，

環抱他們。」

我強力建議你用這種方式，對痛以及從痛而生的憤怒談話，用你自己的話來說。動點腦筋，你就可以把這改成適用於其他干擾你的狀況：老化、或離婚、或失去摯愛的痛苦。你也可以對懶惰談話，對恐懼、憤怒和貪婪談話。這種自我談話對於控制連鎖的思緒很有用，讓你可以在坐墊上用功，也指引你的生活。

7

修行的目的

禪那可以是內觀禪修的必要部分，能夠用來培養最深入的內觀，洞見我們經驗世界裡的必要特質。你練習禪修的目的在於獲得觀智，洞見一切存有的「三法印」：無常、苦，以及無我。

無貪、無瞋、無癡地注意變化，是正念修行的本質。你的呼吸和感受都是工具，你的知覺、注意、意圖和意識也全都是工具，這些能幫助你了解無常。每個念頭、每個感受，包括那些好的、你想要持有的，全都溜走了。一旦你覺知到變化，就會發現自己想要有力量停止這個變化。

但不幸地，你無法停止。這是「無常」，一切存有的無常。

而這令你失望。你對這個處境感到不滿。這是「苦」，輪迴中一切存有的不如人意的本質。你體悟到沒有什麼能停止這種變化，也漸漸看到並沒有「我自己」在進行停止，外在事物也沒有什麼本質好去停止的。這是「無我」，輪迴中一切存有的無我本質，也就是這個事實：一切你能認別爲獨立事物或活動的，事實上只是各個組成部分的積聚，並沒有一個天生本有的存在。

如此，你漸漸體驗到無常、苦，以及無我的實相。這是你觀察自己的呼吸、感受、知覺、意圖及意識所獲得的知識和內觀洞見。這是你的正念。

你在坐墊上修，下座之後也修，在坐下、站立、行走、躺臥時也修，在吃飯、喝水、穿衣、小便、大便、思考、彎腰、伸展、跑步、寫字、閱讀，在一切活動中修。內觀洞見讓你可以用在任何地方，你可以在進行中的事物裡見到無常，不需用言語或概念爲這些活動命名。無常、苦以及無我不只是語言或想法，而是一切緣生事物的內在本質。

這是正念的力量。禪那讓你深入地看見無常的眞理，這種深入足以延續到你人生中的其他時刻。

讓我們更詳細地看看三法印。

無常

Anicca 是「無常」或「變化」的巴利字。這個字值得學起來，它的意思比英文翻譯要更豐富。*Anicca* 不僅是個字或概念，它是眞實的，是你身心之中實際所發生的事的體驗。

一切都不斷地改變著。

是的，是的，這你知道。你以前都聽過，而且你也同意。你坐著的椅子有一天會斷裂而被丟到垃圾場去。那是無常，對嗎？嗯，是的，它是；但那只是在最膚淺的表面。在這個層次了解無常並不會治癒你，不會讓你自由，這缺乏帶你到達解脫的力量與清晰。除非你獲得強大定力，否則你將不能在深入而微細的層次看見無常而得到自由。

你必須坐到你所經驗的整個世界很快速地生起滅去，快到抓不住任何東西，什麼都瞬間即逝，沒有足夠時間讓你在心理上把這連在一起成爲「某種東西」。只要你把注意力轉向任何發生的事，它隨即就噗地熄滅了。純粹的覺知一碰觸到它，它立即就消失了。都只是生起和滅去而已，沒有留下任何痕跡；沒有時間好留下痕跡。每件生起的東西，把前一個從心中推走，毫無殘留。你從這個經驗出來，對所發生的事沒有具體的記憶，只有一切比心還要快速生滅的殘存印象。這就是所謂「如實看見事物眞正的樣子」。你不是在造句或概念化，你只是「看見」。這是你高度專注的心所覺知到的。

一切只是像猛烈的瀑流生生滅滅，甚至沒有一根稻草可以抓住而免於滅頂。然而你並沒有滅頂，因爲你並沒有眞的在那裡。「我」只不過是另一個「東西」，只有在你將過去的經驗人爲造作地黏著在一起時才存在的東西。在這個階段的看，是一種冷靜、平靜、純粹的觀看，不涉入任何東西，也不存在爲什麼東西，就只是觀看。

當你以這種方式看事物時，就不再對執取事物感興趣了。你見到那是徒勞無功、有害的，也不能導向任何眞理或快樂。你對所有那些你認爲生命中非常非常重要的事物，失去執著的興趣了：那些你認爲必須要獲得才會快樂、必須要逃避才能避免不快樂的事物。那是不可能辦到的，沒有什麼好執取或逃避的，而你也不是眞的在那裡而可以去執取或逃避什麼。一切都只是無休止的變動。

在這種狀態下，執取好像是想要把一顆很小很小的芥子，放在移動中的針尖上。這幾乎是不可能的，而且你何必自找麻煩？然而欲望仍然存在，想要執取愉快喜歡的事，逃避不喜歡的事。但你辦不到，而且你也看到那是徒勞無功的。你體悟到：「這是我生命的本質。我的身體，我的意識，我所有的想法、記憶、態度、想要的、需要的，全都一樣：飛逝、短暫、沒有結果。甚至『我』也一樣。」

爲何看見無常如此重要？

無常是你所遇過最不易掌握、也是最基本的觀念。你認爲自己了解「存在」，而無常和一切你自以爲的了解相反。對於無常，心在精細和粗顯的層次都有所抗拒。無常很容易溜進心裡，但也一樣容易又溜了出去，沒有產生任何作用。但是它必須要有作用，它是讓你自由所必須要有的基本觀念。

你看見事物在改變著；你深入地在難以置信的快速、刹那層次看見無常。然後你更廣泛地看見無常，在所見到及可能見到的每件事中知覺到無常。當你在一切經驗裡都見到無常時，你的心對這不斷的改變感到厭倦，這是苦，是你在無常裡所體驗到的。這是佛陀所揭露的眞理，他解釋道：「任何無常的，就是苦的〔無常故苦〕。」

在一切積聚的經驗中見到了苦，你就不再著迷了。不再著迷，也就不再有愛欲。愛欲是心的黏著本質，將自我和世界黏著在一起，成爲表面上看來的生命體。當這個黏著的力量去除了，就會放下，也就導向苦的止息。

你不帶概念地應用正念和注意力。念頭或想法是荊棘、膿腫、傷口及殘疾，沒有了這些，你就可以把心專注於五蘊，像是雷射光一樣。然後心就可以見到，只有在身體、感受、知覺〔認別〕、意志行爲及意識〔色、受、想、行、識〕存在時，「我」才存在。而這五蘊，也只是無常地存在而已。這燒掉了一切，你在任何蘊聚中找不到任何「自我」或「靈魂」或「我」。

假設你把各部分組合成一支長笛，當你吹奏長笛時，就發出悅耳的聲音。假設有人把長笛摔成了碎片，然後焚燒每片碎片想要尋找長笛的聲音，他永遠都找不到。你在五蘊中也永遠找不到「我」，而那就是你發現到的「無我」。

看不見無常時，你就會想要貪著無常的事物，最後你會受苦，因爲無常的事物在你想執取它們時棄你而去了。它們將你腳下的地毯抽走，蒙蔽了你，讓你以爲它們將永遠取悅你。它們讓你相信它們將給你永久的快樂，讓你以爲當你擁有這實在而持久的東西、關係或處境時，你的人生將會徹底而永遠的轉變。它們欺騙了你。它們不能停止改變，但它們給了你一種永遠不會改變或消逝的印象，告訴你它們會永遠陪伴著你。

當你以慧眼看到這虛幻不實的暗流時，你就不再困惑了。你不再以爲它們會讓你永遠快樂。看見了一切事物的無常，你會小心警惕它們那虛假而不斷逝去的本質。在現在這個階段，精進、念及定通力合作以打開你的慧眼，好讓你如實看見一切有關五蘊的眞實面貌。明亮的心以及光輝燦爛的念、定及精進，打破了無明的硬殼。慧眼破門而入，驅散了無明的黑暗，如實看見了無我、苦及無常的眞相。

以內觀看見無常

看見變化有兩個層次：你可以用內觀的覺知或是禪那的覺知來看見。我們先看內觀的無常經驗。

你每天早上應該先禪修，以呼吸作爲主要的專注對象。當呼吸變得平靜、微細及放鬆時，心也變得平靜而放鬆。你越能深入地用不間斷的努力看見這個實相，就越能欣喜地看見眞相在你的日常生活經驗中展開。

每一刻都是新的一刻，每一刻都是新鮮的，每一刻都帶來新的洞見和新的了解。你開始看見過去從未曾見到的。你以一個全新的觀點看待事物，每個新經驗都帶給你清新、平靜、沁涼的喜悅和快樂。

有時候，非凡的經驗會隨著看待世界的新觀點而來。你可能感覺到一種平靜清涼的感受，擴及整個臉，在你的眼睛下面、眉毛、前額、頭中央及頭後面。你無需做任何事或刻意造做來獲得這種快樂，當狀況成熟時就會自然發生。然後你可以在頸部、肩膀及胸膛體驗到一種很微細、很安詳、但很敏銳清楚的震動。隨著你自然的呼吸，同時伴隨著這個震動，你可能體驗到整個上半身（介於腹部和肚臍下方之間）的擴充和收縮。你可能體驗到全身每個小細胞都在震動和改變，以快不可辨的速度生起滅去。

並不是每個人都會感受到這些或感覺到同樣的模式。有些人可能在身上其他地方體驗到這種現象，或以另一種進展，或是完全不同的另一種方式體驗。不要尋求這個經驗，或如果沒有就以爲有什麼不對。重點不是感受的實際順序，而是其所代表的意義。

沒有什麼是靜態的，一切都是動態的。一切都在改變，一切都在出現和消失。感受生起並且滅去，念頭生起並且滅去，知覺生起並且滅去，意識生起並且滅去。你只體驗到變化，而無法體驗到有什麼是不變的。

所有你本以為是永久的，現在見到都是無常且不斷改變著。你無法讓任何東西保持不變，甚至只是連續兩個剎那。有一刻似乎很舒服，而心希望保持那樣，但甚至在心這麼希望之前就已經又改變了。心以快不可辨的速度變動著。無論心動得多快，想要抓住舒服的經驗，在心到達前就已經改變了。它的生起就像是個夢。在你眨眼之前，幾百萬的小經驗生起又滅去，就像閃電一樣，不對，甚至還要更快。你無法跟上它們變化的速度。

你可能想：「讓我看看這個經驗的開頭、持續，以及滅去。」

在這個念頭生起前，你感官經驗的對象已經生起、成熟、並且滅去了。有時候你的心可以抓住經驗的開頭，或許有時候你可以體驗到中間，但結尾不能；有時候你可以體驗到結尾，但中間或開頭不能。無論如何，你對這改變正念分明。那是好的，至少你能注意到改變的發生，而如果能注意到改變有多快更好。你整天整夜，甚至走路的時候都體驗著無常。在輪迴中，一切都是「永遠」無常的。

這時候，你可能覺得你和整個世界一起呼吸著，你可能感覺每個小生命，從小螞蟻到大象，從小魚到大鯨魚，從小蟲到大蟒蛇，全都和你節奏一致地呼吸，或是你和它們的節奏一致。

當你正念分明地注意你的身體、感受、知覺、意志行爲及意識〔五蘊〕時，你體驗到它們的每個小部分都不斷地改變著。當你的正念建立了，你的心就會發現每個剎那都是新的。你身體的每個分子、每個感受、知覺、意志行爲及意識本身，每個剎那都不間斷地改變著。伴隨著這些變化，你的呼吸進來又出去。你的感受不斷在改變，你體驗著這改變，即使這經驗也在改變著。你的注意力以及你想要注意這些改變的意圖也在改變著，你的覺知也在改變著。

當你聽見一個聲音，你體驗到聲音的改變。任何撞擊你耳鼓的聲音，你都注意到它的改變。如果你持續注意，會發現它慢慢地改變著。同樣地，任何味道、任何滋味、任何身體的碰觸，全都不斷地改變著。雖然它們總是在改變，但除非你注意，否則不會知道它們在改變。

感受的生起依賴形象、聲音、味道、滋味、碰觸及念頭〔六塵：色、聲、香、味、觸、法〕，這也在改變著。知覺依賴形象、聲音、味道、滋味、碰觸及念頭的生起，這也在改變著。意識狀態依賴形象、聲音、味道、滋味、碰觸及念頭的生起，這也在改變著。當你注意它們時，它們全都在改變著，就像你注意呼吸時一樣。你對呼吸的感受、對呼吸的知覺、對呼吸的注意力、想要注意呼吸的意圖，以及對呼吸的覺知，都在改變著。它們不停地生起、改變及滅去。

以禪那看見無常

你也需要在很深的層次看見無常，在每個意識剎那所發生的微小而不明顯的改變。在獲得禪那之前，你在理智上知道一切都是無常的。當你獲得禪那時，你在最密集和最精細的層次知覺無常。

在你獲得正定之前，你對一切現象無常的覺知是淺顯的，但現在則是很深而力道十足。你已把念頭和感受拋開，你的心能夠比從前更徹底地穿透無常。在禪那中，作為禪修所緣的某個對象已經不見了。心除了自己的專一之外，並不聚焦在任何其他焦點上。心一境性（one-pointedness）就是心聚焦在自己的專一性上。

這是先於概念的覺知，在這個狀態裡，正念、定和平等心〔捨〕和諧地一起運作，不被任何感官刺激所打擾。這不是思考著無常，而是直接體驗無常。真正的內觀智慧來自這個經驗，而不是來自於思考。

什麼是你體驗到的無常呢？你看見的只有禪那，而你看見它的無常。你的禪那來了又去。諸如喜、樂、捨、心一境性等禪支來了又去，並且起起伏伏。

你清楚地體驗到這些禪支本身的無常。你看見所覺知到的一切、所有禪支的無常本質。這些體悟並非念頭，而是身心的動態行為或活動。禪支升降起伏，而且你對此的覺知也跟著升降起伏。

在禪那中，你的心並不被貪、瞋、錯覺或恐懼所影響。在其他時刻，字句、想法、概念或情緒妨礙了你對無常的覺知。禪那的覺知是無語的，它不是思考或推測，不是反省或探究。你在到達這個階段之前已經超越那些了。這是心透過慧眼看待事物的階段。字句、思想、探究或甚至反思都已無立足之地，它們只會擋路。它們的速度太慢，而一切變動都太快了。

這是純粹無常的經驗，對於此經驗的覺知本身的無常。

苦

人們問道：「我們為什麼要談苦，而不談歡欣、喜悅、快樂、幸福和安詳呢？」因為苦很重要，激勵了我們修行以獲得真正的自由。

人生裡當然有某種程度的短暫歡樂。人生當然不是毫無樂趣的，總會有些歡樂，但沒有什麼歡樂是不痛苦的。真正主宰人生的不是歡樂，而是痛苦。你人生裡所做的每件事，幾乎都是為了減輕或擺脫這個痛苦。

佛陀舉了幾個苦的例子，你必須公正無私地看待這些例子。如果你對「苦」這個字有些情緒，就只會因為自己的誤解而受苦，並且因不喜歡這個題目而從不去了解。在我們討論禪那的細節之前，先直接看看這幾種類型的苦。

出生是苦

我們欣喜地慶祝嬰兒的誕生。但嬰兒誕生，是我們唯一做的事嗎？我們並不否認歡欣和喜悅，但這是嬰兒誕生這件事的全部嗎？不，還有很多其他的事。

想想懷孕期間母親所經歷的苦：長達九個月，爲了照顧胎兒，她在情緒上及生理上受苦。有時候母親想到將會有個嬰兒而感到喜悅，但同時焦慮也日漸增長。她的恐懼、不安全感、不舒服也日漸加強，她十分喜愛的美貌也在改變著。

生產時，母親承受了巨大的苦。有些婦女死於分娩，這是許多婦女都有的一種恐懼。她們也擔心產後的併發症。母親不知道自己將生出什麼樣的小孩：是健康的或是不健康的、漂亮的或是醜的、聰明的或不太聰明的、或是有犯罪傾向的。

嬰兒誕生後，爲人父母的就必須照顧這個嬰兒。他們必須犧牲許多自由、精力和金錢來照顧嬰兒的教育、幸福、快樂、安詳、健康，以及讓他正常長大。

與此同時，這個嬰兒就完全不受苦嗎？通常嬰兒誕生時都會嚎啕大哭。這個哭泣在一生中持續著：有時候大聲嚎啕，有時候在心裡默默啜泣直到無預警地一觸即發。

成長是苦

小孩對成長都懷有焦慮，大人對成長也有焦慮。小孩的成長叫做長大、成熟，大人的成長則叫做老化。在成長之路的每一步，無論願意與否，你都必須調適，而這個調適不見得是愉快的。你必須接受處境的改變並放棄舊有的習慣。對任何人而言，這都是痛苦的。

生病是苦

你可能只有在自己生病時才認爲生病是苦。當你健康時，可能會用最冷酷的方式對待病人。你可能憎恨疾病，但疾病也會找上你。你能用各種保險阻止疾病嗎？不，你無法阻止疾病。無論你是住在最富足或是最貧窮的國家都一樣，你逃避不了疾病。你可能避免掉某些疾病，但無論你是否喜歡，還是有些疾病會找上你。這的確令人痛苦，而且眞的是苦。

年老是苦

當你年輕時，看見那些身體顫抖、步履蹣跚、口齒不清、滿臉皺紋、滿頭白髮、四肢不協調的老人時，你可能會取笑他們。老人無法像過去年輕時一樣行動敏捷，說話也不能像從前一樣快，也不能吃得像從前一樣多，身體和肌肉也不像從前一樣健壯。老人的視力不良，聽力不佳，牙齒動搖脫落，必須換新，不能從事年輕時喜愛的活動，而且通常都伴隨著疼痛。這難道不是苦嗎？

死亡是苦

雖然有人會殺害他人，但如果是自己的死亡，每個人都會心驚膽戰。心完全扭曲並且絕望時，有人可能會自殺，但通常人人都怕死。長壽時，有人可能說：「我不怕死」，但這只有在他們健康長壽時才是真的。當死亡越來越逼近時，他們就害怕了。我們盡一切可能來避免死亡，但這是我們永遠無法逃避的唯一眞相。這的確是痛苦，而且眞的是苦。

與所愛者分離〔愛別離〕是苦

你的人生中曾經多少次經歷過這種現實呢？當你與朋友分離時，感覺到這種苦嗎？與伴侶呢？還有與父母、兄弟、姊妹、叔伯、阿姨、祖母、祖父、兒子、女兒、丈夫、妻子呢？你可能失去工作或是工作的能力，可能在一場洪水或颶風裡失去一切財產，最後，由於創傷、疾病，最少也會因爲老化，你甚至會失去對自己身體、甚至心靈的控制。

與不喜愛者相處〔怨憎會〕是苦

你要工作，並且得爲一個你討厭的人工作，這樣會愉快嗎？你的老闆很苛刻又找你麻煩，對你也不公平。你的房東很吝嗇，不幫你修理漏水的屋頂；他把房租提高了，卻不多給你任何服務。你難道不認爲這些處境都是不愉快的嗎？

甚至獲得所要的也是苦

假設你得到一輛很昂貴的車子，瞧你有多愛它！但你必須保養這輛名車，幫它買保險。當你像愛護自己的生命般愛護這輛車時，有人刮傷它了，或你發生意外擦撞了，這會爲你帶來很大的苦。

所有五蘊都是苦

組成我們身心的蘊聚，是一切苦的家。如果五蘊不存在，就沒有苦會存在。五蘊就是身體、感受、知覺（認別）、意志行爲及意識（色、受、想、行、識）。

「色」需要維護。你的身體是色，隨著發生在身體上的一切，你體驗到身體的痛苦。你覺得餓，所以吃；你覺得要小便，所以小便；你覺得要大便，所以大便。這些沒有哪一種是愉快的。

你體驗到熱、冷及渴，你必須照顧這些需求。你必須洗澡、穿衣，必須照顧身體健康，吃對的食物、運動並休息。你每天都必須做這些事。

爲了維持這個身體，你必須有金錢、房子、衣服、食物、水、好的空氣，以及很多其他東西；沒有這些，你就無法維持身體。你必須很努力工作好獲得這些支援身體的東西；這是苦。

感受也同樣需要維護。每當你的感官和它對應的對象接觸時，這個叫做「感受」的東西就生起了。你不喜歡不舒服的感受，總是想要舒服的感受。你總是尋求能帶給你快樂的東西，並且避開帶來不快樂的東西。這是眞正的掙扎奮鬥。你吃、喝、睡覺、休息、禪修、玩耍、唱歌、跳舞，並做很多其他的事來讓自己快樂，然而你還是不快樂，不是嗎？承認吧！你的感受沒那麼容易滿足；這是苦。

知覺〔看法〕也同樣需要維護。你總是碰到相衝突的看法：無論你當下知覺到什麼，都將會改變，而這改變好像不太對，總是會出現和你看法相左的某人和某事。就看法而言，你不斷地與別人起衝突；這是苦。

意志行爲或思想爲你造出更大的苦。做決定是個問題。你認爲自己的決定很完美，但很快地，你發現有人做了別的決定並獲得大多數人的認同，你的決定則被輕視。他們可能認爲你的心充滿了貪、瞋、癡，因而做出錯誤的決定。但他們的決定同樣受貪、瞋、恐懼和困惑所影響，好像沒有誰可以做個清楚完美的決定。我們不斷地改變決定以尋求更新、更好的；這也是苦。

意識更是麻煩。你想要保持意識清明，但不幸地，你甚至無法保持任何意識超過兩個剎那，因爲意識的改變比光速更快，結果令你大爲挫折。

無我

佛陀所教導的無我是說：我所認爲是我的人，就某方面而言並不是眞的，至少不是我所以爲或日常生活中所表現的那樣。但重點是要了解：「無我」並不是教條或理論，而是世世代代佛教徒們證明爲眞的一種描述。這「我」是蘊聚，是各組成部分所聚合而成，可以被無止盡地破解分散。同樣地，任何你的心認爲是獨立的物件，實際上都是積聚而成的。任何地方都沒有眞正的我，你裡面沒有，你所感知或認別的任何東西裡也都沒有。

「無我」這個字指的是一種超越語言文字的狀態。在目前的狀況裡，我們的注意力抓取住大多數我們所感覺、知覺或思考的東西。我們想要某些東西，討厭一些別的東西，忽略其他更多的東西。我們的人生都浪費在想要什麼、避開什麼、完成什麼及逃開什麼上面了。這全都出自一個基本的感覺：「我！我的！」我們不自覺地認爲「我是重要的。我所想、所要、所說的都是眞的，都比別人的意見重要」。

所有的宗教都同意，我們一切問題的根源與自私有關。無我是一種知覺模式，讓「我」退到背景去，讓我們的注意力得以順暢地流過世界而不抓取或牽絆什麼。我們的注意力轉而向外，讓我們得以清楚地看待事情，自然地關照到他人的需求。我們完全不必改變宗教觀點，就可以學習這種注意的心態。

禪那對此特別有用。禪那是一種存在狀態，已經超越了我們的欲望、需求和恐懼。我們移向喜悅，將安詳及滿足帶回人生裡，而且不會失去我們的個性，變得瘋狂或失去靈魂。如果我們希望，之後我們也可以保有任何關於靈魂和來生的概念，把乏味的哲學留給別人。

關於無我的一些歷史背景可能有用。佛陀誕生於婆羅門教家庭，古印度當時的宗教背景就是婆羅門教，他清楚明白當時社會的宗教和哲學就是不管用。教理的核心就是業、轉世及一個明確易懂的我，叫做 *atman*。宗教活動掌握在祭司種性婆羅門手中。你必須誕生在這個種性，才能和神溝通，而溝通的形式就是重複而空洞的儀式。其他種性則必須聘請婆羅門進行儀式。沒有任何人可獲得自由，甚至只是稍許，除了一些住在樹林裡的苦行者，完全投入於自我折磨的瑜伽修行。這個 atman 的教理並不能讓人們自由。佛陀看到了這個問題，並且教導 anatman（字面意思即「無我」）。

無我的經驗

什麼是無我的經驗？就是不把集合而成、不斷變遷的現象或知覺，看作是一個獨立固定的個體。那個體眞正是什麼？其實只是現象或知覺的集合而已。

當我們用到「我」的觀念時，總是用來指色、受、想、行、識。但很靠近的觀察時，我們找不到任何可以被當作是「我」的東西。雖然沒有這種獨立個體的「我」，我們還是把它當作習慣用語以利溝通。如果不用到「我」或「我的」，我們的日常生活就沒辦法溝通了。偶爾可以試試看，試著完全不用到「我」或「我的」來表達意思。我們需要像是「我自己」「她自己」「他自己」或「它自己」的用詞來表達我們的意思，而這些字詞和自我的概念在日常生活世界裡是重要的，但這並不代表變遷事物的集合就是一個獨立不變的個體。

以「這不是我的，這不是我，這不是我的自我」這種態度來看待一切色、受、想、行、識，你就能去除「我」這個錯誤觀念。這並不容易，但是可以辦到。將過去、現在、未來都看作只是約定俗成，你就可以開始從自我的幻覺中出離。任何比較或評鑑的想法都只是理論，包括內在、外在，粗重、微細、卑劣、優越、遠、近都是。我們有廣泛的共識來使用這些概念，但這些也就只是概念而已。你無法找到它們，你無法體驗它們，你只能思考它們。當用於外在世界時，這種思考是很有用的，這讓人類變成地球上的主導物種。但如果把這種字詞用於內在體驗，就充滿危險了。

你曾經看過星期日或星期一嗎？你說「現在是十二點」，但你曾經看過十二點嗎？除了在時鐘刻度上？如果你沒有鐘錶，又怎麼知道現在是十二點呢？

而鐘錶本身又是如何？當許多部分組合在一起時，你稱之爲時鐘；當各部分拆解分散開時，你還看得到時鐘嗎？沒有，你只看見一堆組合零件。「時鐘」是個概念，用以指稱以特別方式組裝在一起的那些零件。你可以用那些同樣的零件，以別種方式組合，創造出完全不同的形狀，而你完全不會把它看作是「時鐘」。「我」就像這樣，一些組成部分以特別的方式合成在一起。探究「我」，把它拆解成各組成部分，它就融化消失了。

蓮花的香味不屬於花瓣、莖或花蕊，而是屬於整朵花。同樣地，你說色、受、想、行、識爲「我」。你從未離開色、受、想、行、識而說「我」。「我」是個概念，只用於整個五蘊。「我」只用來指稱整個蘊聚，當它們以特別方式組合在一起時。「我」的觀念存在於我們，只與五取蘊有關。我們並不把蘊聚中的任何東西當作是「我」。

假設你把衣服送去洗衣店清洗，他們會用各種清潔劑來洗。當衣服洗好送回來時，你可能會在衣服上聞到一些殘留的味道，於是你把衣服放到有香氣的抽屜裡，清潔劑的餘味就消失了。同樣地，當有人安住於思維五取蘊的生滅時，一些東西根除掉了。餘下的「我」就只是「我」，一個概念。我們稱爲「我的」的貪欲，以及表達爲「我自己」的觀念都已經根除了。它們消退了，就像衣服上的味道一樣。

到現在，我們已經打下了理論和實修（希望有）的基礎，以便能夠把整個注意力轉向禪那的細節，然後是如何培養和修習禪那。

8

各種禪那

當你修行導向禪那的禪修〔止禪〕時，隨著時間過去，你會經歷一連串越來越微細的心理狀態。從現在這個起點開始，不斷向前一直走，將會到達遠遠超越了概念和感官知覺的領域。

人類所有的語言文字和概念，都受限於知覺。我們十分依賴視覺和聽覺，把這當作主要的知覺機制。我們受限於感官的領域，從來不知道其他的。即使是我們的抽象概念，也一樣是基於我們的知覺。當我們想說我們了解什麼時，通常會說：「我看到你所指的意思了」，或是「我聽懂了」。但如果是超越視覺、聽覺、或任何其他物質的感官知覺時，「了解」又是什麼意思呢？

我們真的無法精確地談論這種事情，我們一般的概念就是無法適用於非概念上。而禪那就是會帶我們到達非概念的狀態，但我們卻必須用語言文字來形容，因爲那是我們所知的唯一一種溝通方式。但當我們越深入地描述禪那狀態時，語言文字會變得越來越隱喻式。這是沒辦法的。我們只有知覺領域的概念，但我們必須知道我們並沒有眞的說出全部的眞相。只有經驗本身才會揭露眞相。

世間禪有兩種類別。第一類的各個狀態並沒有名字，只是編號爲第一、第二、第三和第四禪，這些叫作色界禪。獲得這些禪那的人叫作「今生住於快樂者」。

第二類是無色界禪，因爲這些禪那的禪修對象純粹是概念，而沒有任何物質。你的心專注在某個概念上，直到它帶你進入一個直接而非概念的經歷。獲得這些禪那的人叫作「解脫並住於安詳者」。

這兩類世間禪之後是出世間禪，我們在第十四章會談到。

色界禪

色界禪是四種經驗狀態，超越了我們普通的認知和感官世界，但仍然和它保有一些關連。我們可以用一般的字句描述色界禪的一些事件和現象，但必須記得那大多是隱喻式的。你「見到」了經驗的某些面向，但並不是視覺上的。

有些人可以不需色界禪，單靠內觀禪修的途徑（觀禪）就可獲得解脫。

初禪

當你進入初禪時，一些不尋常的事情發生了。你的心完全離開了普通念頭和知覺，突然沉浸於呼吸並且安住。呼吸仍然存在，但已經不再是什麼「東西」了，只是個微細的念頭，有些像是記憶或後像（after-image）。世界消失了，身體的疼痛消失了。你沒有完全喪失所有的感受，但身體感知退隱到背景去了。

有意識地東飄西盪的念頭停止了，剩下的是微細的念頭，是對一切眾生的良善意念。你的心充滿了狂喜、幸福喜樂，以及心一境性。「狂喜」或「喜悅」就像是你終於得到了一直想要擁有的東西時，那種興高采烈、洋洋得意。「幸福喜樂」或「快樂」就像是當你擁有想要的東西時，那種富足、持續的心滿意足。喜悅可能是身體上的，像是全身的細毛都站立起來一樣；也可能是瞬間的閃電或波浪，一次次地沖洗過你的身體。快樂則是比較含蓄的，是一種持續喜樂的溫和狀態。

佛陀給了一個有用的比喻。有個人在沙漠裡長途跋涉，他因爲脫水，已瀕臨完全崩潰。

幸福喜樂就像是盡情地暢飲，並且浸泡在冷水中；快樂則像是之後在樹蔭底下放鬆地乘涼。

初禪通常只是一閃而過，但之後你學著越來越久的延長它。最後你可以一禪修就體驗到初禪，要持續多久則依你的意思而定。在初禪中，主要是喜悅或狂喜。

在你進入初禪時，已經將障礙〔五蓋〕克制住了，並且放下了一般的、有意的念頭。而現在則是放下其他東西的時候了。

二禪

在二禪中，你連呼吸的微細念頭都放下了，把微細的良善意念也放下了。現在，你的心已完全沒有任何語言或概念想法，甚至連呼吸的念頭都沒有了，剩下的只有對念頭和感受的微細反思，比較像是記憶或後像。二禪主要是喜悅，也有快樂、正念，以及定。

三禪

很難想像你會對喜悅感到無聊，不過這就是所發生的事。狂喜和激動類似。和微妙的快樂及心一境性比起來，狂喜是粗糙的。你的心轉向幸福喜樂和心一境性，就某方面而言是比較精緻、細膩和穩定的。

平等心持續增長。甚至對最高的喜悅，你也有著平等心。平等心只是更多的物質粒子而已，雖然它是微細的，但仍然將你和這個思想和感官的狂熱世界綁在一起。你放下平等心，喜悅也自行消退而去。

在三禪中，比較微細的幸福喜樂或快樂加強了。它充滿了你，淹沒身體的每個細胞。信心提高了，正念和定加強了。外在世界可能消失，但身體感覺仍在而且棒極了。身體靜止不動，呼吸非常微細。

四禪

在四禪中，你更加深入。你遠離會干擾這完全靜止的任何心理狀態，甚至是快樂也要遠離。這個遠離是自動發生的，不需要努力。平等心和心一境性更強了。疼痛的感受在初禪就消失了；在四禪裡，身體的舒服感受也消失了。你完全沒有任何念頭，感覺到不苦不樂受，安住於平等心和心一境性。隨著你的心越來越靜止，你的身體和呼吸也一樣。在四禪裡，感覺像是你已經完全停止呼吸一樣。你只有在預先設定的時間到了時，才從四禪中出來。

在四禪的狀態裡，正念和定結合爲強力的覺知，能夠穿透深入到存在的本質。這是直接感知無常、苦，以及無我（一切存有的三個主要特性）的理想狀態。你經歷過初禪到三禪，只是讓它們發展並消失。但在四禪中，你停了下來，利用這個狀態來深刻地洞見無常、苦，以及無我。

無色界禪

無色界禪有四個狀態，和我們平常的認知/感官世界沒什麼關連，一般的語言文字就是不適用。這些是叫作「無形象」（無色）的禪那。前面的四禪是藉由專注於某個物質形象、或某些像是慈愛的概念所產生的感覺來獲得的。而要獲得無色界禪的無形象狀態，則要超越所有對於形象的知覺。

在前面的四個禪那中，心離開一個又一個東西以進入下一個禪那。在無色界禪裡，你是以某個東西取代另一個來進入下一個禪那。你把注意力轉向越來越細的覺知對象。在每個這種狀態裡，都有心一境性及平等心，並且在每個階段都變得更精細。定越來越強；沒有人可以要你起來，你是在預先設定好的時間到時，才從禪那出來。

無色界禪通常沒有編號。每個狀態都有個別的名字，說明這個狀態的心所安住或覺知的範圍。我們這裡有編號，只是爲了方便表示其順序。

第五禪：空無邊處

心裡發生的所有事都可以想成存在「某處」，就像是在心理空間一樣。你把注意力從心裡任何事的特質轉向其所佔有的「空間」，而這無限的空間就是你思維的對象。

任何你注意到的事，可以比喻爲訊號，由某種傳播媒介所負載。你把注意力從訊號轉向傳送它的承載波。心像是個空間、媒介、管道或車輛，是你覺知的對象。

平等心與心一境性現在完全成熟了。你發現自己處在一個領域，所有對於形象的知覺都停止了。外在不能干擾或打斷你，但身體感官的細小建議仍在。你完全忽略這些，但如果你把注意力轉向它們中的任一個，禪那就沒了。

第六禪：識無邊處

要覺知無限的空間，需要無限的覺知；你把注意力轉向無可量度的警覺。空無邊處的想法消失了，剩下的是無邊的覺知，沒有對象。你安住於無邊的識中，是對於覺知的純粹覺知。

第七禪：無所有處

下一個禪那通常叫作「無所有處」。前一個禪那無邊的識並沒有對象，是空的、虛的。你把覺知轉向這個空。第七禪純粹專注於無所有；你的覺知安住於無所有的空。

第八禪：非想非非想處

知覺無所有仍然是知覺〔想〕。你的心甚至對此也感到無聊，便擺脫任何知覺。完全無想則是最高的頂點。

你把注意力從對空的知覺轉向完全無想的安詳。但如果有任何輕微的暗示，想要獲得這個寧靜或想避開空的覺知，則這個轉變就不會發生了。

現在沒有任何粗顯的想，但是仍然有超級微細的、對於此狀態本身的覺知。第八禪叫作「非想非非想」。

出世間禪

出世間禪的狀態是解脫絕對必要的先決條件，發生在內觀禪和止禪這兩條道路的終點。出世間禪是這兩條道路合而爲一的地方。

在這一系列的狀態中，那些束縛了你的心結、根深柢固的煩惱，已經全部燒得乾乾淨淨了。這是禪修者出離輪迴之前做最後功課的地方。

這些狀態聽起來眞是非比尋常而且吸引人，不是嗎？但我們如何到達那裡呢？我們將從下一章開始回答這個問題。

9

近行定

從非禪那狀態到禪那狀態的轉變點，叫做近行定（access concentration）。早期的巴利文獻中並沒有「近行定」這個詞，但在完全入定之前有一種狀態，我們就用「近行定」來表示這個狀態。近行定可以比喻爲軟弱的肌肉，或者嘗試要自己站起來的嬰兒。由於嬰兒的腿還不夠強壯到能夠站著，所以他又會跌坐到地上。

你利用近行定的狀態來打敗和抑制五蓋。在近行定的狀態應用正念，能讓你離開障礙，暫時制止住而進入深定。長時間經常這麼做，久而久之，五蓋就「休眠」了。五蓋只不過是心的習慣，而現在你用正念的習慣來取代了。在近行定裡，五蓋被壓制，慷慨、慈愛、悲憫、喜悅、快樂、以及定生起。大多數的禪修者在獲得禪那之前，都在近行定練習頗長一段時間。

選擇禪修所緣

沒有哪一個禪修所緣是適合所有人的。佛陀依據個人的需要，給予許多不同的人不同的禪修所緣。他知道，並不是每個人都在同樣的時間內或以同樣的速度進步。佛陀讓你完全自由地決定，你要花多久時間修坐禪、行禪、臥禪及住禪（站立）。在整個佛陀教法中，你可以看到他總是認可學生的個別差異，並據此給予不同的指導。他總是展現出，所有這些不同方法是如何能達成同樣的目標：從痛苦獲得完全解脫，並進入解脫的圓滿安詳和幸福喜樂。而要得到一個合適的禪修所緣，你可能需要尋找一位指導老師。

無論禪修者是用什麼所緣來獲得禪那，一旦獲得了禪那，則禪那的特質都是一樣的。同樣的所緣可以用來修止禪和觀禪兩者。例如，呼吸通常用來既修止也修觀。在巴利文獻中提到，有四十種禪修所緣（業處）。

爲了方便，本書裡我通常用呼吸當作禪修所緣。而我所談到以呼吸爲所緣的禪修現象，大部分也適用於其他所緣。

除了專注於呼吸之外，另一個有用的專注對象叫做遍處。遍處（字面意思是整體）是當作禪修專注對象的一個物件。傳統上，這些物件是代表某些概念的圓形，多數是用土做成，並且上了顏色。傳統的遍處大約直徑九吋。現在很少用這些物件了，但它們是佛陀時代所用的傳統方法。

現在，遍處指的是「代表一個純淨概念的物件，所有具那種特質之物的本質」。傳統上有十種遍處，包括顏色和四大。不同的人依據他們特定的傾向來使用遍處，有代表水、火、風、藍色、紅色、白色、空或識的各種遍處。每個遍處代表一種純淨的概念，亦即某物的完整特質（它的本質）。例如，藍遍處代表藍，所有藍色事物都有的共通特質，無論是淺藍、深藍、皇室或藍寶石，所有深淺不同的藍都包括在這「藍」的知覺裡。每個遍處也代表一種心的基本反應：每當你的心看到藍色的特質（藍遍處）時會做的反應；或是心看到黃色、水的水性、或是任何有限的空間時的反應。

你應該選定一個禪修所緣，然後就一直運用，而不要換來換去；混用所緣可能讓你的心困惑。假設有人要你在地上挖一個一百呎深的井。你可以挖十個十呎深的井，或二十五個四呎深的井。邏輯上你可以說你挖了一百呎深的井，但是，這樣你是挖不到水的。你應該挖一個井，挖一百呎深；只有這樣，你才能挖到水。同樣地，試用所有的禪修所緣之後，邏輯上你可以說你已經試過全部了，但沒有一個適合你。

當專注於一個禪修所緣時，你的目的並非「與所緣合一」，而變得像死了一樣或是變笨。相反地，你應該用這些所緣來得到高度專注，要盡量擴充這個所緣，往上、往下、往各處，讓其不可分且不可限量。你經驗到的整個世界，都充滿了那個遍處所代表的特質。例如，有人用土遍處深入禪修，土的特質充滿了他（她）所經驗到的整個世界。這個人據說可以在水上行走，因爲他的心將任何事物、任何地方都知覺爲堅固性。然而，這個人並非與遍處「合一」或「完全沉浸入」遍處，他仍然知覺外在和內在世界。

禪修所緣就像是發射台一樣，一旦你獲得了禪那，之後的每件事就都一樣了。專注的心只有它自己，單獨而不依賴任何外在事物。無論你用什麼所緣來制服五蓋並獲得定，都可以將之拋諸於後了。

想像一位游泳教練在淺淺的泳池裡，鼓勵小朋友抓住一塊浮板，他要教小朋友如何漂浮。當小朋友已經可以自在地在水中漂浮了，教練就會教他丟掉那塊板子，然後小朋友漸漸地學會不靠浮板就能漂浮。禪修所緣就像浮板一樣，用來學會技能，學會後就可以丟掉了。

起始點

如果你曾經嘗試過禪修，即使只有一下子，你也已經知道開始的階段是如何了。那就是我們一般的心。

你的專注力東飄西盪，只有偶爾飄到呼吸上；你不斷丟下呼吸而跑到白日夢、記憶，還會想像和朋友談話。你發現到這個飄盪了，就試著回來專注。你搖擺不定，猶疑不決，在呼吸和其他誰知道是什麼東西之間來來去去，譬如一些分心的念頭、感覺、感受等等。

當你和世界能稍微分離時，就到了你的第一個里程碑了。外在世界連同它的聲音和感受退隱到背景去了。它們還在那裡，但對你比較沒有干擾了。你的念頭也還在，但比較安靜，也比較不能把你拉跑了。你聽見聲音，聞到味道，想到事情，但沒有那麼干擾你了。偶爾會有些安詳，你的身體越來越安定，你知道你正朝著正確方向前進。你的心開始能在呼吸上停留一陣子；你能感覺到自己更能把心拉回到呼吸上了。

這通常就是對思考過程能開始有些真正洞見的地方了。這些念頭和感受真是討厭的東西，眞是擾人啊！這不是理論，平靜的一心專注眞是好多了。最後，和平靜相比，就連美好的念頭也是干擾。

你也開始看到障礙〔蓋〕。不論你是否稱呼它們爲蓋，你會注意到某些念頭和感受比其他的更突出、更刺激，而你開始學習放下，不要抓住它們，讓障礙過去。

定力增強

努力了一陣子之後，定力會明顯地增強。心一境性和幸福喜樂最後會成熟，而進入禪那的心理特質則變得頗爲顯著。這是你的第一個主要成就，是眞正禪那的邊緣狀態，因爲這是眞正禪那的門口，所以叫做「近行定」。

定力還是不穩定，但你的心持續努力而且越來越容易了。你在平靜的定和內在對話之間擺盪。你的感官知覺也還開著，一如平常地聽得到和感覺得到，但是都退隱到背景去了。呼吸是主要的念頭，一個所緣，一個東西，但這並不是你唯一的焦點。一種熱切的強烈感覺或高興來臨了，此外還有快樂、滿足，以及一種無所偏好的特殊狀態，稱爲平等心〔捨〕。平等心很微弱，但開始生起了，就將會成熟。

你的注意力重複地接觸呼吸，打向它又彈開，然後開始可以安住於它。你可能感覺輕盈或浮起來。在心眼裡，你可能看見微微發光的形狀或閃爍的光。這些並不是眼睛看見的現象，這些現象完全是在心裡面的。

這是影像的領域。如果天人或任何個體要和你說話，就是在這裡。你平常的思考模式被中斷了，深沉的意象可能湧現。你的影像可能美麗或恐怖，或只是奇特而無意義的的萬花筒景象。無論是什麼，你就只是讓它們去，並把心帶回到呼吸上。這些影像沒什麼特別的，只是化裝出現的更散漫的念頭。

近行定與呼吸

在你持續呼吸時，注意每個吸氣的開頭、中間、以及結束，接著是一個短暫的停止，然後注意每個呼氣的開頭、中間、以及結束。隨著你漸漸趨近禪那，這可以確保你的正念夠強。如果你沒有仔細、正念分明地專注，就無法在每個呼吸裡辨別出這些不同的階段。你應該在感覺到呼吸碰觸的地方，注意這些階段。因此在發展禪那之前，眞正找到呼吸碰觸的地方是很重要的，並且要完全而正念分明地注意這個地方。藉著完全專注，你也可以在任何現象出現時注意其內在本質。

隨著你的呼吸變得愈來愈微細，這些細節也開始難以辨認，最後全部消失了，而心自然地只停留在呼吸碰觸的地方。在這一點上，你開始體驗吸氣和呼氣爲單一感受。別一路跟著呼吸到肺部或鼻子外面去；就只是停留在那一個感受上。

這個方法就像是一個頸子僵硬的人在幫小孩推鞦韆。他無法轉動他的頭，只能保持正直。當鞦韆朝向他面前而來時，他就去推，鞦韆就朝他推的方向而去。當鞦韆又盪回來時，他又把它推向相反方向，鞦韆便又盪往相反方向。就像這樣，保持注意力在呼吸碰觸點，不要跟著移動。

還有另一個比喻：想像牆上裝有一個電子感應器。每當有人經過這個感應器時，燈就會亮；一旦這個人走過去了，燈就會熄滅。同樣地，每次你吸氣或呼氣時，你的心在呼吸碰觸點注意感受，就只是登記感受而不隨著移動。

每當你的心從呼吸跑掉時，你就把它拉回來並停留在碰觸點上。只要有需要，就重複這個程序，一直到心很容易地停留在專注點上——隨著呼吸進出所碰觸的點。然後你就可以看到呼吸的每個微小部分。

在你看著呼吸的每個部分時，最終會變得越來越微細，直到你幾乎注意不到它的移動。你只注意到一個強而愉悅的感受在專注點上。一開始心先放下呼吸開頭、中間和結束的注意，然後心只專注於吸氣和呼氣，最後，甚至這微細的呼吸也被碰觸點上的強烈感受所取代。

吸進呼出，你體驗著呼吸的感受。而當呼吸改變時，感受也改變了。你知覺到呼吸的改變以及感受的改變。而「這是呼吸——這個感受，這個知覺」的想法，叫做有意志的行爲。你有意地（或「意志地」）專注於呼吸以及呼吸的感受。當你的呼吸、感覺、知覺、以及想法改變時，你的覺知和意識也會改變。你體悟到任何意識狀態也都會改變，無論其生起是緣於形象、聲音、氣味、滋味或想法。

當注意著呼吸的無常時，如果心跑到聲音去，就注意聲音的無常。忽略對它的情緒或概念反應，只要聚焦在無常上。無常來了又去，有聲音出現，然後又靜默了。

如果心跑到一種感覺上，注意到那個感覺的無常。如果你的心繫縛在某種感官知覺上，就注意到無常。如果心跑到你自己的專注力上，就注意到專注力的無常。換句話說，你體驗到的任何東西，甚至是你自己的專注力，都只注意到它的無常。當你的心平穩下來，並且除了呼吸之外哪裡都不去時，你就只停留在呼吸上並且注意它的無常。

當所有的障礙都平息時，喜悅生起了。進一步發展那個喜悅，並且放下焦躁不安。讓喜悅遍滿你的整個身心，這也是正思維。

把注意力放在鼻孔處，呼吸的簡單感受上。隨著呼吸自然地變慢、變細且變輕，注意著呼吸。讓呼吸的想法脫落，只停留在簡單的感受上。只要讓這個過程發生就好，不要催趕推進。

趨近初禪

在近行定裡，可能會發生一些有趣的現象。有些人有如夢似幻的經驗，以及上升、或漂浮、或流動的奇怪感受，有些人則看到景象，但是你可不要追逐這些東西，也不要擔心它們出現或不出現。你的注意力要一直不斷地回到禪修所緣上，碰觸又盪開，然後繞著它盤旋且越來越接近它。當趨近於初禪時，會有一個階段，那時你的注意力會「沉入」禪修所緣。

當你獲得初禪時，由於五蓋不起和修習慈心觀，而會生起美好的愉悅感覺。由於和所有的世俗身體活動，以及與因之而起的五蓋隔離了，你的喜悅和快樂會生起。現在你可以深吸一口氣並放輕鬆。你可以靜靜坐著，並享受獨處及安詳。

即使初禪的定力並非很深，你仍享有脫離世俗忙碌生活的自由。除了定之外，還有平等心，即使這兩個因素在初禪裡並不顯著。此外，還有心一境性或心的專一。你在初禪裡所感覺到的喜悅和快樂，是生起自隔離以及五蓋不起（離生喜樂）。

有些老師很強調利用愉悅感受作為工具來進入禪那的重要性。他們建議，如果你只在某個部位感覺到這喜樂，就應該加以擴大，讓整個身體都沐浴和沉浸在幸福喜樂的感覺裡。這是種身體上的感受，但和你平常生活裡熟悉的那種感受不同。這有點類似一種極度愉悅的感官現象，但又不一樣，比起來更加微妙並令人滿足。

你可以主控這種感覺，並在某種程度上導引它。一旦你學會入定，在任何時候，只要你想就可以得到這種喜樂感受，並且想停留多久就停留多久。

舉例來說，當你在修第四章所說的慈心觀時，胸部的中心點可能出現感覺。這通常是身體上暖暖的、很愉悅的感覺。只要這種感覺一出現，你就應該放下慈心觀的練習，把全部注意力放在這個感受上，並擴充遍滿整個身體。這個身體感受類似於禪那中的喜樂，雖然禪那中的感覺比較微妙。這種感覺可以用來銜接禪那，讓你得以自然地滑入禪那。

當你處理好所有的障礙〔五蓋〕時，呼吸變得非常微細。你可能感覺不到，但呼吸還是在進行。當所有的干擾因素都消失時，心自然地回到呼吸上。當呼吸變得微細到難以覺察時，你的心便聚焦在這微細呼吸的記憶上，以此作爲禪修所緣而得定。

看著感受改變成一種鮮明的後像，守著它，盯著它，要堅持，然後這個記憶可能被一個小閃光所取代。如果這樣，那就變成你注意力的焦點。這是個很重要的時刻，是眞正得定前的時刻。這個閃光就是你的訊號，你即將進入禪那。

一開始可能只是個稍縱即逝的經驗，很難確定。第一次可能只是一個奇怪、難以定義的中斷，通常會引起驚愕：「那是什麼？發生了什麼事？」不要質疑這種經驗。任何語言表述的思考，只會讓你偏離目標。只要守住定的修行就好。如果有什麼奇怪的經驗生起而你認爲可能是禪那，不要去在意。當眞正的禪那生起時，你會知道那是什麼。

如果一切順利，在你體驗閃光的下一刹那裡，你會得到眞正的禪定並且保持住。會有慷慨、友善、悲憫等想法，這些是你克服貪愛、瞋恨及殘酷後所發展出來的。它們其實並非「想法」，你體驗到的只是慷慨、友愛、悲憫的影子，而這些牽制住了貪愛、瞋恨和憤怒。禪那的喜悅、快樂及專注也克制住了昏沉、焦躁不安及疑惑。

10

初　禪

當你進入初禪時，還是和身體感官保有接觸。你的眼睛雖然閉著，但你仍然能聽、聞、感覺及品嚐。這是初禪的一個確定指標，和其他的禪那不同。

你的念頭也沒有完全停止，念頭會不時地出現。因爲你一輩子都在思考，所以你的念頭也不會在獲得初禪時就忽然消失。這像是神經性的習慣，難以一次消除。念頭會持續週期性地在你的心裡出沒，只要不理它們就好。有些東西會讓你脫離禪那，而念頭就是其中一種，但你要的是能待在禪那裡越久越好。

下面這一段描述你進入初禪時的所有禪支和特質：

> 安靜，隔離了感官欲樂，隔離了不善心態，你進入並安住於初禪，同時具有尋和伺，以及由於隔離而生的喜和樂。

另一種喜悅

當你終於克服了五蓋時，會體驗到一種很大的釋放。這個釋放感會慢慢地增強，一直達到喜悅的巔峰。這種喜悅是純粹內在的，其生起並不依賴世俗或在家生活的享樂。並非你外在的任何東西導致這喜悅，而是透過放棄外在享樂才生起的。

這種喜悅稱爲「非世俗感官的喜悅」，它並非突然在心裡湧現。很長一段時間以來，你體驗到的是五蓋所帶來的痛苦，你也一直努力克服那些帶來痛苦的障礙。現在，每當你克服了一種障礙，就體驗到那種痛苦已經平息的巨大釋放感。正是這種釋放感，掙脫那種障礙的自由感帶來了喜悅。你現在不再有那種障礙所帶來的痛苦，它不見了，你因而歡欣喜悅。

下面是佛陀在《沙門果經》中對阿闍世王的說明：

> 當他看見內在這五蓋已經去除時，
> 他視此爲清償了債務，獲得了健康，放出了牢獄，免除了奴役，到達了安全之地。
>
> 當他看見內在這五蓋已經去除時，生起了愉快。

當他愉快時，生起了喜悅。
當他滿心喜悅時，他的身體變得輕安。
身體輕安了，他體驗到快樂。
由於快樂，他的心變得專注。

因爲五蓋去除了，你的喜悅持續地增長。喜悅生起並且累積，逐漸充滿整個身和心。在這個階段你感覺到，整個身心都瀰漫著喜悅和快樂，就像是糖或牛奶或鹽溶解於水中一樣。

我們習以爲常的一般世俗的物質喜悅，是從接觸到想要的、喜歡的、滿意的與世俗有關的東西而生起。它們是簡單基本的東西，像是看見形象、聽見聲音、嗅聞味道、品嚐滋味、碰觸物品，以及思考心理內涵。這稱爲「基於世俗的喜悅」。

當你尋找並了知所有這些東西的無常、改變、消逝時，一種不同的喜悅生起了。你如實地知覺這些形象、聲音、味道、滋味、碰觸，以及心理內涵本來的樣子。你以正確的智慧來看，你知道這些全都是無常的、苦的、會改變的。你看見它們現在是如此，而且一直

不適合我

歡迎光臨苦悶諮商車，「瘋狂」精神科醫師派送幸福中！

作者／林宰暎 (임재영)　譯者／盧鴻金　定價／400元

我曾是罹患憂鬱症的精神科醫師。
現在，是走上街頭，開著「苦悶諮商車」派送幸福的使者。

本書作者林宰暎，曾在就讀醫學院時飽受憂鬱症之苦，然而，他實際經歷過的內心煎熬，以及實習時從病患身上學到的經驗，引導他走向精神科醫師之路。雖然畢業後曾在醫院服務，但有感於一般人對精神病院仍有很大的心理抗拒，作者決定走出診間，開著諮商車穿梭大街小巷，聆聽心苦之人的心事、撫慰他們受傷的心。

一名尋道者的開悟之旅

作者／嗡斯瓦米 (Om Swami)　譯者／賴許刈　定價／500元

Amazon五顆星好評！千則讀者熱烈評論！
放棄千萬年薪的企業家，只為尋找神。

作者嗡斯瓦米在20幾歲時就已經是一位成功的工程師兼企業家，小時候與神相遇的夢境，在他年幼的心靈種下種子，他的人生從此為了向造物主尋求解答而展開。本書將帶領讀者走進這位印度年輕僧侶的人生歷程，一起經歷求道的神祕、困惑、艱辛以及喜悅！本書既是一本僧侶的開悟回憶錄，也是照亮你我的人生明燈。獻給在這令人無所適從的時代中，努力尋找自身存在意義的你。

就為了好吃？

一位餐廳老闆的真心告白，揭開飲食業變成化工業的真相

者／林朗秋　定價／380元

美食、排隊美食、平民美食，是吃「美食」？還是吃「疾病」？

食品業打滾三十餘年，作者於五十歲展開斜槓人生，在台北了素食餐廳。自認美食探源者並且深具醫療保健專業，卻餐飲業，對食品原料追根究柢後，才深刻了解其中嚴重討化工業入侵飲食業的惡性循環、九種偏差的飲食行灣土地的有機農業和基改食品、十一個小農商家故的角度，全方面探究現代人對食材和土地的認知。

一行禪師講《入出息念經》

一呼一吸間，回到當下的自己

作者／一行禪師（Thich Nhat Hanh）　譯者／士嚴法師　定價／350元

保持對呼吸的覺知，覺察內在糾結。
在一呼一吸間，回到當下的自己，
我們將會找到更深的寧靜、平和。

一行禪師根據佛陀在《入出息念經》中的教導，以溫和、清晰、直接的方式解釋其中的文字和概念，將簡單的呼吸融合日常生活，引導人們走向理解之路。在一呼一吸、一出一入之中，進一步平靜自身，大大增強在禪定和正念冥想中的練習，重拾內心許久不見的快樂。

我，為什麼成為現在的我

達賴喇嘛談生命的緣起及意義

作者／達賴喇嘛（Dalai Lama）　譯者／陳世威　定價／360元

長銷20年，達賴喇嘛談修行人的人生哲學。
我們從何而來？生命的意義是什麼？
在今生未知的道路上，又該何去何從？

初版在2001年上市，為達賴喇嘛長銷20多年的經典著作。書中記錄一九八四年春季，達賴喇嘛在英國倫敦做了一系列的演講內容，主要講述生從何來？死往何去？如何生？如何死？為何生？為何死？如何活得快樂？如何死得安詳？這些是生而為人最切身的問題，人類一切活動都以此為中心而展開，構成錯綜複雜的世界。

心經

—— 超越的智慧

作者／密格瑪策天喇嘛　譯者／福慧編譯組　定價／380元

佛教大乘教典中，文字最少、詮釋佛理最深奧微妙的經典。

本書是堪仁波切密格瑪策天在美國麻州劍橋薩迦佛學院，教導了多月的課程，由《心經》般若智慧從生死此岸到達涅槃彼岸，含攝五蘊、三科、四諦及十二因緣、十八界等思想，破除從凡夫、二乘、權教等我執，以說明萬法本性皆空，最終趣入「無所得」，借般若度一切苦厄，達到究竟解脫與證得無上菩提之境界，透過討論、復習及密格瑪喇嘛與學生的原始問答集結而成。

都是如此，於是一種新的喜悅生起了，這稱爲「基於捨離的喜悅」。

所以，你以禪那中所獲得的基於捨離的喜悅，來克服基於世俗的喜悅。你也可以用基於捨離的憂愁，來克服基於世俗的憂愁。你可以爲了失去你的狗或車而憂愁，或者是對一切現象的令人不滿而憂愁。一種引領你更加投入那造成憂愁的起因，而另一種則引領你遠離那種投入。

你以基於捨離的平等心，來克服基於世俗的平等心。雖然平等心是心裡想的平衡狀態，但只要這是基於世俗而生起的，就還是變化多端的。但在證得禪那時所生起的平等心是統一的，是基於心的自然單一性或專一，是基於定的；這是最高的平等心。要確實平等地看待你所有的小孩，並且完全相同地對待他們，是一個很棒的世俗目標。而要平等地看待每一種經驗，無論是好是壞，則更超越其上。

五禪支

你的禪那中有著正念。你是清醒的，你覺知（正念）並認得（正知）構成你的經驗的各個成分。你不注意外在世界，但對於構成你內在經驗的禪支完全醒覺。你對於現有的五禪支正念分明。

「支」指的是某件事物的特質或面向，是動態的，通常是其他事物的起因，是要讓第二件事物出現所必須要做或要具有的事。在此，就是為了讓覺悟發生所必須要有的因素，同時「支」也是每個覺悟者所展現的特質。

這五個禪支一起保持住初禪：尋，亦即以注意力控制一個念頭。「尋」是心的一個指引性推力，把注意力轉向一個禪修所緣，像是捨離的正思維、慈愛或悲憫。某些譯者將「尋」譯為初始的念頭，但它並非字面上的一般意思。「尋」超越一般猴子心似的認知念頭；它就像是去敲一個鐘似的。

伺：持續注意以保持正確的念頭。「伺」通常譯為繫念，是心在某個念頭上徘徊或來來去去。「伺」是在禪修所緣上的持續安住，就像是敲鐘之後的響聲或迴盪。

喜：有時譯為喜悅、狂喜、熱切、愛好、熱忱。它並非身體上的感受，而是可形容為心理上「欣喜的興趣」。前兩個禪那都有高度的「喜」，在二禪時最為強烈。

樂：有時譯爲快樂、愉悅、或幸福喜樂，可能是身體上或心理上的感覺。樂是獲得禪那不可或缺的條件。初禪、二禪、三禪都有樂，在三禪時最強。

心一境性：心的專一、統一，意味著安詳、寧靜，以及專一的定。

正思維

讓我們更進一步看看前兩個禪支：尋和伺。

在初禪裡，需要用「尋」來開發三個正思維，並且放棄與它們相反的念頭。當以「伺」保持住這些念頭時，會在獲得出世間禪那以及完全覺悟時，達到圓滿純淨。

在禪那裡，這三個正思維讓心有所緩衝，使障礙不能靠近，也不能進入。其功能是保護心免於貪著，讓心保持穩定和安詳。這種保護並非抓緊某物以免他人奪取的那種保護，那種保護是貪愛；而這種則是溫和、無所執取的保護功能。你所保護的是你自己的無貪。你溫和地保有它，就像抱著小嬰兒一樣。

這三種正思維是捨離、慈愛，以及悲憫。讓我們更深入地去檢視。

第一個尋：捨離

捨離始於慷慨的念頭。你對世間的財富、名位、權力無所執取。你放棄這一切，放下了，把它們給出去了。你不需要這些，而且沒有了這一切，你更加快樂。

修練慷慨的第一步，就是放棄想要保有那些小東西的欲望。也就是每次你放棄某些小東西，把它們給別人享用時所做的事。

第二步是發展放棄的念頭，放棄在言行上的感官欲樂。這是當你去參加閉關禪修時，暫時會做的事。每次你坐下來禪修時，也是小規模地放棄感官欲樂。

第三步是發展不投入感官欲樂的念頭，至少在禪修期間不投入。藉由下定決心捨離來放棄對於感官欲樂的貪愛念頭，稱爲「次第替代」，是指用某一件事物替代另一件事物，次第性地用相反的東西來替代會引起衝動的東西。

在佛陀覺悟前，他將念頭區分爲兩類。有關感官欲望、惡意、殘酷的念頭是一類，有關捨離、慈愛和悲憫的念頭則是另一類。當他注意到屬於負面那一類的念頭生起時，會完全地覺知它，並且正念分明地省思這個念頭是傷害自己、傷害他人、傷害自他的，於是那個念頭就平息了。當另一個不善的念頭又生起時，佛陀就用同樣的技巧來克服那個念頭。藉由正念省思，佛陀一個個地去除了負面的念頭。

另一方面，當捨離、慈愛和悲憫的念頭生起時，佛陀正念分明地覺知其生起，然後省思這些念頭有益於智慧，不會造成困難。當佛陀日以繼夜地省思這些善念時，覺得安全了，不再有任何反面的東西好害怕了。

佛陀的教導是你也應該做同樣的事。捨離的正思維所帶來的成果是：心變得非常平靜、放鬆、並且安詳。心對於世間不再有任何牽掛；你只是放下，不再注意。你對一般事物的貪愛和執著都平息了。

第二個尋：慈愛

你已看見惡意的危險，並培養了對任何人都不懷惡意的習慣。你從經驗中學會，自己和他人的惡意造成了多少痛苦。在採用適當的改正方法後，你已成功地放下憤怒並培養慈愛。你可以釋懷地再深吸一口氣。

通常瞋恨是最後一個離開心的障礙。當瞋恨離開了，慈愛就會自然生起，空掉的心充滿了對所有人的友愛之情。當你不再排斥任何東西，自然就會覺得和所有東西都親近。你對任何人都是正面的，每個人都是你的朋友。

第三個尋：不殘酷

當這個生起時，你會很高興自己對人們或動物不再殘酷了。你已見到人們如何因殘酷而受苦；你很清楚動物和人們是如何受殘酷之人的折磨。親見了別人的殘酷後，你自己可能也在心中體會到受害者的苦，所以你決定自己不要殘酷，對一切生命體都要培養悲憫心。

現在你完全安詳平和了，你覺得無比地安全，完全不怕有任何人會傷害你。殘酷的念頭退去，而你也不再想要傷害或懲罰任何人了，結果自然就是悲憫。你自然地感覺到別人所經歷的掙扎痛苦，而且感同身受，自然地想要盡己所能地幫助他們。你的心傾注於各地受苦中的生命。

尋和伺的重要

你在初禪裡的「尋」轉向這三個念頭，留駐（伺）在心中，繼續支持住初禪。要注意在此進程中「有意的念頭」的角色。我們用「有意的念頭」來遍滿整個心，並排除障礙。當障礙被抑制住時，我們帶著餘下的微妙慈愛進入初禪。所有的「尋」都是這樣運作的。

也要注意事實上我們必須對這些「尋」下工夫，在開始時得好好努力打下堅固的道德基礎。你日以繼夜地培養這些概念性的念頭，無論是在正式的打坐時或是在日常生活中都一樣。禪修時，你有意地用健康的念頭取代不健康的念頭，用良善的「尋」取代不良善的「尋」。你將貪、瞋、癡連根拔除，並用放下、慈愛及悲憫來取代。它們將會變成一種好習慣而自然地滲入禪那。這些留下來的刻意念頭，能避免貪愛、瞋恨、殘酷侵入你的禪那。

不過，這並非什麼艱巨的掙扎，你無法竭盡全力來獲得這些效果。你只要耕耘土壤就好，種子自己就會生長。在建立了生活上的堅固道德基礎，並且培養這些良善念頭之後，你自然就會有收穫。你的心安詳，覺得安全，覺得有無數的朋友。這是一塊可以讓定生長的肥沃土壤。

當言語化的「尋」轉變成眞正、純淨的心理活動時，就變成了禪支。在禪那裡，大部分的刻意念頭都被丟下，不再有字句了。

禪那裡的念頭

在中文裡，「念頭」（thought）總是代表一般的認知思考，例如，思考你去商店裡要買什麼東西。在巴利語則有一整籮筐的字可以被翻譯成某種念頭，或思考歷程的某一部分。我們沒有這麼多用詞可以表示它們之間微小卻重要的差異，除非我們花很多時間去學習這一大堆很微妙的概念。

要了解禪那裡「念頭」的本質，最容易的方法大概就是用「遍處」——一個物體來當作禪修所緣了。你一開始時是看著這個物體，然後你閉上眼睛，讓此物體在心裡呈現爲一個影像。最後，即使你閉著眼睛，只要你注意它，這個物體就會完全逼眞地呈現，就像你睜開眼睛看著它一樣；這是你的「取相」。然後你不再看著這個物體，只專注在取相上。你一再地用尋來看這個物體，並用伺來保持住；之後它會轉變成比較精緻微細，像是後像一樣，這叫做「似相」。

當你這樣練習時，禪支會增長強大，各自克服其所對治的障礙。例如，尋對治昏沉睡眠，最後減輕到完全暫停的狀態。當障礙被抑制，而且煩惱也減弱平息時，你的心就進入了近行定，這時似相就取代了取相。

《清淨道論》是一部註解禪修之道的古代論典，這樣說明取相和似相的不同：

在取相裡，遍處的任何缺點都很明顯。但似相比取相清淨一百倍、一千倍，就像是從取相裡破繭而出似的：有如一面從袋子裡取出的鏡子，或是一個清洗乾淨的珍珠貝盤子。它就像是烏雲前面的鶴一樣。但似相沒有顏色或形狀，因爲如果有的話就會是粗糙的，可以用眼睛認知，容易引生洞見的了知。但似相不是這樣的，它純粹是從入定者的知覺〔想〕生出來的，只是一種表相而已。

這個似相是近行定，也是禪那的所緣。近行定和初禪的差別並不在於其所緣，而是各自禪支的強度。在近行定裡，禪支仍然軟弱，也尚未完全培養好。而在禪那裡，禪支已經強到可以用全力將心推入所緣，就像木匠將釘子釘入木頭，或是石塊沉入水中一樣。在這個過程裡，主要是尋這個禪支負責使心沉浸入似相。

在慈愛禪修中以及其他地方，我們都談到了禪那裡慈愛的「念頭」。禪那裡的尋都與善根相關，表現爲良善的念頭：捨離、仁慈，以及無害。這些念頭的本質是什麼？你必須體驗才能明白，語言文字只能近似而已。你用慈愛的念頭培養身體上的感覺，然後將注意力轉向這感覺，並在心裡發現一種微妙的「顏色」或「滋味」，是純淨、非概念性的慈愛感覺。就是這感覺帶領你進入禪那，而這個尋則伴隨著進入禪那。

當使用呼吸作爲專注對象時，你是有意地用念頭幫你指引注意力到呼吸上。你找到身體上的感覺，就將有意的念頭放下而只安住於這個感覺上。這是你的取相，有時候會出現閃光，此信號表示似相生起。這是呼吸的身體感覺的後像，伴隨著你進入禪那。

七覺支

初禪最重要的一個面向就是，從此開始，你經由連續的七個階段而趨向解脫。每一個階段都導向下一個階段，按照順序發生，對每個人而言都一樣，沒有誰能跳過任何階段；每一個階段都是前一個階段自然發展的結果。這七個階段在獲得須陀洹果（*sotapanna*）——「入流」時達到頂點。這是覺悟的第一階段。在每個階段，你都要發展覺支。

第一覺支：念覺支

你需要正念來建立禪那，但什麼是你念的正當領域呢？你禪修的參照觀點是什麼呢？你專注於什麼呢？你無法隨便專注於什麼東西就獲得禪那。你必須利用某些特定的對象，這些對象必須能促進無欲的觀察，並能揭露無常、苦，以及無我的眞相。

那些正當的專注對象，亦即四念住的說明，見於《念住經》。當使用每個對象時，你都必須保持「精勤、警覺及正念，放下對世間的貪愛及憂惱」。這個意思是你要努力地做，以熱切和活力來做；以正念注意你正在做的事，做時將日常生活中的煩惱都拋開。四念住構成了定的基礎以及指導原則。

正念於身體，讓你的注意力專注在身體以及它的位置和移動上。而呼吸正是發生在身體上的事。

正念於受，讓你的注意力專注在身體的感受上。你看著這些感受，持續深入觀察其本質：除了你的心所賦予它們的之外，它只是持續不斷的改變並且不具實質。碰觸的感受是個感覺，聽也是個感覺——如果你忽略其他伴隨聲音所生起的心理內涵，只是專注在音波的純粹感受上。所有的感官都是一樣的。

正念於心，讓你專注於觀察念頭及情緒反應，但不涉入；包括縈繞的念頭、內在的對話、純粹的概念，以及心理的意象。你看著它們像泡沫一樣來來去去，沒有任何特別的意義，不要對它們認眞。

正念於法，專注於看見你所有經驗中自然的本質：無常、苦，以及無我。你在當下直接面對一切經驗的變化本質，以及所有你能經驗到的物體的變化本質。你看到沒有任何經驗或東西可以讓你快樂，也看到其實並沒有一個誰陷在裡面。

你能夠也必須思考這些事，那是有效的修習。但要記得，這些念頭只是引導你到達目標：無語而如實地體驗這些事爲眞理。

起始點是在四念住的每一個念住，都正念於無常。看見無常引導你看見苦及無我；看見這三法印則引導你到達解脫。

第二個覺支：擇法覺支

從念裡生起探究（investigation）〔擇法〕。

當正念於某個東西的無常、苦、無我時，心難免會擺盪向其它東西。此時，就要更仔細地探究這個新東西，無語地探尋無常，無語地問：「這是恆久的還是無常的？」當你考慮這個問題並更加正念地注意這個新東西時，你會看到它也是無常、苦、無我的。

有任何東西是恆久的嗎？答案是「沒有」。但是別相信我的話，你要自己去探究。

然後你必須探究自己的身心，心裡有著另一個問題：「在這個身心裡，在它的知覺、思想、感受、及意識裡，在哪裡能找到甚麼是恆久的嗎？」答案會是「沒有」。但聽到這個不會改變你。你需要自己去探究，而且要真誠而徹底地探究。

定能把對象固定在念之前，然後念仔細地注意它，然後擇法發現它是不斷改變著的，如此而顯現出無常、苦、及無我的三法印。

第三覺支：精進覺支

從擇法生起了精進。

探究擇法激起你的精進力，想要找到恆久並推開無常。更深的念和擇法激起更強的精進力，以便能看到無常、苦、無我更深入微細的一面。由於激起了精進力，你的念毫不疲累。你探究身體的無常、苦、無我的本質，你鑽研你的感受、知覺、思想及意識，發現什麼都沒有。從一種精神緊迫感裡生出活力，讓你精力充沛。你毫不疲累地觀看呼吸裡微小、甚至是分子層面的改變。你的精進讓你往前進展。

這是精進覺支的威力。在禪那裡，你有自然的精進力，而此精進力也會延續到你的日常生活中。

第四覺支：喜覺支

從精進生起了喜悅。

假設你正在沙漠裡跋涉，飢餓、乾渴、而且疲累不堪。你憂心忡忡，滿腹疑惑，不知身在何處。你需要水、食物、遮蔭，以及救援。此時有人出現了，而且他的頭髮和衣服正滴著水。這個人從哪裡來？他從哪裡得到寶貴的水——你迫切需要的水？

你問他，他指出方向，並說：「繼續往那邊走，你將會找到森林。就在森林裡一塊空曠的地方，有個自然的湖。」

你繼續往他指的方向走，然後遠遠地，你聽見小鳥的叫聲、動物的聲音，以及人們的談話聲。當你越走越近時，你聽見人們躍入水中游泳嬉戲的聲音。當你更接近時，你看見各種小鳥、動物，以及人——男孩、女孩、青少年、成人、老年人，他們正泡在水中游泳，吃著蓮花、紅蓮及蓮藕。他們正喝著水，在湖畔休閒著。看見這些，你大爲喜悅。

然後你躍入水中，在水裡游泳戲水，盡情暢飲。你吃了可口的蓮藕和蓮花，興高采烈地在水中幾小時，然後你上岸，伸展四肢，躺了下來並說：「多快樂啊，我好快樂！我真是快樂啊！」

在這個情景裡，當你看到湖水時，憂慮的心中生起的欣喜，就像是在禪修中內心生起喜悅一樣。當你接近湖邊，聽見那裡傳來的聲音時，你的喜悅一直在增強。當你躍入水中並暢飲，你絕對是沉浸在喜悅中了。當你吃著蓮藕及蓮花、在湖畔休閒時，既輕鬆又快樂，非常地滿足，甚至可能進入夢鄉。

同樣地，在禪那裡，喜悅慢慢生起並逐漸加強，直到轉變成輕安和快樂。通常你可以用這兩個詞：喜悅和快樂來表示興奮的狀態。平常當你興奮時，你可能跳上跳下地雀躍不已；你會微笑、大笑、擁抱別人、說個不停、引吭高歌、親吻所愛的人。你情不自禁地手舞足蹈，甚至喜極而泣。當你如此表達你的興奮時，你可能會說：「我好快樂。」但這些不是禪那的快樂。禪那的快樂是平靜、安詳及平穩。它不是興奮，而且幾乎相反。心靈上的快樂使你放鬆、平靜、安詳，並且心滿意足。

有時候當你滿懷這種深深的喜悅時，甚至在禪修中也會淚眼盈眶。但如果你具足正念，你可以完全覺知你的喜悅但不會流淚，或發出聲音或有任何移動。

一旦你獲得了喜覺支，便自然而然地對一切眾生滿懷慈愛和悲憫，而在心中自然生起了願望：「願一切眾生都生活得安詳和諧！」當修習對一切眾生慈愛悲憫的正念時，你會感恩你所擁有的，欣賞其他人所享有的，並且對於自己所有的一切充滿感激之情。

這是喜悅的力量。禪那的喜悅會延續到你平常意識的喜悅，這個喜悅能爲你的生活加油。

第五覺支：輕安覺支

從喜生起了安寧〔輕安〕。

從修習產生的平靜、清涼、提神醒腦的喜悅，讓你的身心平靜、放鬆、並且安詳。當心平靜安詳時，你會覺得平和安寧。你心滿意足，憤怒之火已經冷卻，欲望平息，錯覺消散，悲傷、痛苦、憂愁、哀嘆、絕望都消失無蹤了。你不再受忌妒、恐懼、緊張、焦慮、擔憂之火焚燒；相反地，你覺得安全無虞。雖然你還未到達最終的目標，但在這個階段你有了暫時的安詳和快樂。

禪那的深沉安詳會延續下去，開始滲透你的生活。你繼續以正念及越來越深的安寧來生活和修行。

第六覺支：定覺支

從輕安生起了定。

佛陀說：「快樂的人得定，心中充滿慈愛的人很快就得定。」在初禪裡，友愛、悲憫、慷慨、安寧、喜悅及快樂的念頭都很強，毫不費力地就抓住你的注意力。

是什麼創造出心的專一、心一境性？這很難用言語描述，但可以用比喻來說明。想像遠處有高山峻嶺，共有三十七個山峰，一一對應傳統上所說的三十七道品：八正道、四念住等等。這三十七個山峰會合成七座主要的山，也就是七覺支，山頂高高在雲霧之中，細雨紛飛不停，持續不斷有細小的水滴落下，偶爾也會下大雨，這些水滴持續不斷地累積。

而每一滴水，就像是你心中有著某一覺支的時刻。我們都有著稍縱即逝的正念、定，而當然我們所做的是正確的；這是散亂心的狀態。你想要統一的覺支正開始稀少地發生著。

這些細小的心刹那水滴滲入地裡，從土壤中濾出並且淨化了。有害的元素被過濾掉，有益健康的礦物質則保留下來。這些水滴匯聚到一起，會合湧出表面成為細小的泉水。這些泉水成為小溪又匯流成川，這些小川又匯流成河。這個過程持續著，而這些水則往山下流，吟唱著繞過岩石，飛濺地躍入瀑布，每一滴水都承載著蘊含其中潛在的覺支，最後會形成一條像是密西西比河、尼羅河或恆河一樣的浩浩大河。

但這條河的威力是治理出來的。有人很聰明地在河水流經峽谷處建造了水壩，形成一個巨大的湖，像蘇必略湖或是裏海那麼大的湖。此湖含有所有那些落到山上的水滴的所有力量，潛在的能量儲存成水的重量。難以數計成噸的水壓著水壩，想要釋放能量。你的心還是散亂的，但比較少一點了。覺支被統整後已經獲得很大的潛力，但這力量還不夠專注，還不能創造出你想要的效果。

還有人更聰明，他們在水庫上打了洞，比起那些試著從洞中流出的水來，洞是很小的。水帶著巨大的力量從這些洞裡奔洩而出，把蘊含的能量轉變成動力。現在你的心不再散亂了，這些覺支已經被統整並釋放出其力量，這股力量現在已變成定力了。

在大水奔洩的流道上裝有渦輪機，轉動大發電機，將動力又轉變成電力，足夠整個加拿大或歐洲使用的電力。這些集中的力量流經電線，點亮了城市及家庭裡的燈。這是正念的明亮火炬，顯露了心的光明本質。本著那巨大的力量，正念燃燒掉生生世世累積的染汙而帶來解脫。定累積了微小的心剎那，讓每一剎那個別存在的所有覺支全部具足，持續存在。

在心的這個狀態裡，你以禪定力持續把注意力放在改變的體驗上。由於現在有著正定作後盾，你對無常的覺知比從前更加敏銳清楚。在你獲得正定之前，你對一切現象無常的覺知是淺顯的，現在則是深刻而有力的，你的心比以前更加能夠洞澈無常。

這次你不僅見到無常，也見到「無常故苦」的事實。你的心厭倦於貪著任何愉悅的經驗，因為這些經驗無可避免地改變著，甚至在心體會到經驗之前就改變了。即使你的正念也改變著，你可能會開始覺得無聊；持續觀察這個無聊，你可能發現這無聊也在改變。作爲禪修所緣的對象已經被放下了，心除了自己的專一之外，不注意任何其他的東西。心一境性就是心專注於自己的專一性。

這個禪定力讓你所作所想的任何事都更加深入。在下座後，你將定力應用在日常生活中，這讓你對於任何事的正念探究都達到更高層次。你對所做的每一件事，都能更容易地看到無常、苦、無我。

專注的心如實看見事物本來的樣子。你對於心一直以來不斷造做和執取的心理垃圾，深深感到失望。你最後終於放下了，於是你自由了。

第七覺支：捨覺支

從定生起了平等心（捨）。

一旦你能看見身心的所有組成部分，無論是過去、現在、未來，都是無常、苦、無我的，不同凡響的事就發生了。對於一切因緣和合的事（諸行、有爲法），平等心生起了。你的心平等地看待一切，無論是良善的、不良善的、身體的、語言的、心理的、好的、壞的、無所謂的都一樣。沒有誰在那裡，僅只是實相而已。你的觀點是沉著冷靜的。

然後你感覺到心靈的急迫感，你加緊修習正念，甚至比以往更加精力充沛地用功。當你處於這種心態時，你對於八正道有更深的洞見。你利用正念、定以及注意力認別出無常，你在身心裡研究並洞察苦和無我。你體悟到所有那些「棒透了」的念頭和感覺，在很微細的層面都是不斷改變著的；而那些「恐怖可厭」的念頭和感覺，也一樣不斷改變著。

11

二禪及三禪

任何心靈修行的向上進展，都會遇到障礙。你必須和這些障礙奮鬥，才能獲得更高的成就。而且必須是沒有貪愛的奮鬥，如此才能不屈不撓地前進。就像是爬梯子一樣，你必須放開目前站立的橫檔，並安全地踩穩下一個比較高的橫檔；你必須提起腳踩上較高的橫檔，而這需要意願。如果你在目前站立的橫檔上覺得舒服並且貪著，就不能再更進一步了；你在梯子的第一道橫檔上就卡住了。

了知這個身體就像是個陶甕一樣，
要將這個心建立成鞏固的碉堡，
以內觀的慧劍迎戰魔王，
守護好已經贏得的勝利，
但毫不貪著。

這是你在獲得初禪時的狀況：離棄障礙，生起喜樂。能夠遠離世俗事務是很棒的，這是非常迷人、吸引人的狀況。感官欲望已經放下了，所以不會再執著於它們。當你處於世俗事務中時，難以想像眞正的安詳、喜悅、快樂，而你現在已有了這些前所未有的喜樂。這是個理想狀態，然而你就卡在這裡了。

前面引用的《法句經》，說到身體就像陶甕一樣，是很脆弱的，隨時都可能破裂。佛陀指導我們要將心建立成碉堡，才能好好保護這個身體。而心甚至更加脆弱、纖細、快速變化、獨來獨往、變幻無常又不穩定。在將這個心建立成碉堡的過程中，你必須和魔王打仗以獲得一些領土；一旦你獲得了一些領土，就要不執著地去保護。這是困難的。

當你執著於某個東西時，你就會保護它；如果你對某個東西不執著，就會隨它去。佛陀指導我們，要沒有執著地保護所獲得的東西；這是心靈成就的本質。如果你執著於所獲得的禪那，你就不能向前進展，也不能利用它。爲了要保護脆弱的身體，你必須把更加脆弱的心建成碉堡，好與魔王戰鬥。你要用正念來強化身心這兩個脆弱的東西。你已獲得了禪那的喜悅、快樂及安詳，必須用正念來保護，但對它們毫不執著。只有當你不執著於喜悅、快樂及安詳時，才能與魔王打仗。執著就是魔王的誘餌，如果你吞下誘餌，就輸了這場戰爭。

獲得二禪

二禪不是靠希望、祈願或努力而獲得的。當這個心預備好能獲得二禪時，就自動放下了初禪，你甚至不必希望要達到二禪；當這個心預備好了，便自己滑入了二禪。不過這只有在你讓它發生時才會如此。

當你獲得初禪時，放下了許多活動以及所有的障礙，那些都是心的頑固習慣。第二禪叫作「無尋伺之定」。要獲得二禪，你就必須放下尋（慷慨、慈愛、悲憫的念頭），以及伺（持續保持那些念頭）。它們有一部分的功能是形成字句，將念頭轉變成言語。

在禪修中，尤其是在禪修營裡，我們都保持靜默。我們說我們遵守「神聖的靜默」。實際上，因為我們心裡都還有念頭，所以我們一般的靜默並不是眞正神聖的靜默；唯有連字句的形成都停止時，我們的靜默才夠資格稱為「神聖的」。二禪沒有了尋和伺，此時你的內在靜默是眞正神聖的；這是眞正聖者的靜默。在這個狀態中，心眞正平靜下來了。

當你的思想或微細念頭從心中消失的那一刻，你就覺知到自己已進入二禪。但只要「這是二禪」的念頭出現在心裡，你就失去它了。要一試再試，直到這個念頭不再出現。你可以沒有「這是二禪」的概念，而以覺知停留在二禪的經驗裡。這是很微妙的平衡，只有完全的覺知可以保持住。

在尚未獲得初禪之前，你修習正念以獲得初禪。在初禪裡，你也用正念來保持住禪那而不動搖。正念在初禪裡扮演很重要的角色，讓障礙不至於生起；只要你失去正念，也就失去了初禪。你的禪定還不是很強，很容易就會失去。

二禪則比較穩定。二禪有許多個禪支，包括了內在信心，這在初禪中是沒有的。由於克服了疑蓋，你對佛、法、僧、以及道德戒律產生了一定程度的信心。當你獲得二禪時，這個信心變得更強了。因爲你已實際體證了初禪，你對於自己的成就以及佛、法、僧，都體驗到更強的信心。你正在向前進展，你已親身見證，不再可能懷疑；你前方的道路非常明確。

二禪也有比較深的專注，你不必再警戒障礙的生起。初禪依然接近障礙及所有世俗經驗，二禪仍然靠近尋和伺，但已遠離障礙。然而你必須一直保持正念，以避免失去禪那，因此從一開始就要培養正念。

當尋伺平息了，就進入並安住於二禪，
有著無尋無伺的內在信心及心一境性，
並充滿了由定而生的喜悅與快樂。

尋及伺消失了，留下喜、樂及心一境性。當不再有念頭時，你體驗到整個身心都充滿了喜樂。這個喜悅源源不絕，越來越強，就像是個湖，而湖底不斷冒出清新的泉水。每隔一陣子就會下場小雨，沖走湖面上可能有的小垃圾。新的喜悅也不斷使心清新而潔淨；這喜悅是源源不絕並一再更新的。

獲得三禪

現在你朝著三禪接近，並非出自希望，但心自然就對較低的禪那失去興趣，而趨向較高的禪那。喜悅消退了。並不是你做了什麼讓喜悅消退，而是它自然而然自己消退了。這有兩個原因：一是心對二禪失去興趣；二是由於時間過去，喜悅變得無常了。

你清楚地體驗到禪支的無常。這無常的體驗發生於禪那裡、當你從禪那中出來時、以及出來後反思禪支時。你不需要花很多時間才看得見禪支的無常，你一直培養的正念就會看見。

在你尚未獲得禪那的修行初期，你必須努力持守道德倫理戒律。你用第三章裡學到的四正勤來訓練自己，學習培養好習慣並戒除壞習慣。心就像是一頭野獸，體驗著世俗的感官欲樂。貪愛、瞋恨、愚癡，以及所有的其他煩惱都很強，你必須盡很大的努力才能克服，才能培養並保持住良善的心態。你已經過了那個階段，現在要在禪修時克制住煩惱，已經容易許多了。

正念和專注在初禪裡合一，並試著清楚地顯現。在二禪裡，它們變得強多了，但還沒有足夠的力量能完全顯現。在三禪裡，它們手拉手地完全顯現了。你可以在三禪裡很清楚地看到。

喜悅消退，安住於平等心、正念，以及識別；
你在自身體驗到聖者所說：
「具有平等心及正念者，快樂地生活。」
如此進入並安住於三禪。

三禪及四禪叫作「無喜之定」。快樂是主要的感受，取代了已消退的喜悅。當你越來越精熟於二禪時，你的心對粗糙的喜逐漸失去興趣，對於快樂、定、正念、正知、以及開始出現的平等心（捨）則越來越感興趣。當心對於喜完全沒有興趣時，不需希望或思考就滑入了三禪。當獲得三禪的條件具足時，心自己就選擇移入三禪了。

三禪有三十一個禪支。喜悅已退掉，它與三禪微妙的樂比起來算是粗糙了。二禪的喜就像是獲取某物，三禪的樂則像是獲取之後的愉悅，比較平順、平靜。

當你獲得二禪時，會體驗到很強的信心。隨著修習並精熟於二禪，你的心注意到喜逐漸減弱，相對於喜的障礙（不安與憂慮）仍然偶爾侵擾著心。每次你獲得二禪，你的心就對喜失去一點興趣。你打從一開始，甚至在初禪前就一直修習的正念，正逐漸浮現且加強。

你從一開始就培養的正念與正知，在初禪及二禪也都存在。由於在初禪和二禪裡，其他的禪支比較粗顯，因此正念與正知並不顯著。此外，平等心與正知也在三禪浮現出來。現在其他的禪支變弱了，平等心、正念、正知浮現並使得三禪完美。

精熟於禪那〔禪定自在〕

在尚未精熟於較低的禪那之前，不要急於獲得更高的禪那。在嘗試獲得二禪之前，要先完全精熟於初禪。當你獲得初禪許多次以後，心會對此失去興趣，因爲淺顯的念頭仍然在背景埋伏著。

這有點像是一般意識狀態裡的無聊感。假設你一直試著要獲取你很喜歡的某物，有一天當你終於得到了，在初次享有此物時，感覺眞是棒極了，非常迷人，令你愛不釋手；但當你重複把玩一段長時間後，你就對它失去了興趣。你從這個東西或這段關係中所得到的愉悅感，已逐漸消失。它變成一個普通的東西，是你生活裡一個不起眼的背景擺設；心轉向其他東西去了。

同樣地，你在初禪裡一直享受著捨離、慈愛、悲憫的微妙念頭。在你獲得初禪許多次之後，你對這些念頭便失去了興趣。假設你已獲得初禪十次，每次都對這些念頭失去一些興趣，到了第十一次時，心可能就完全放下這些念頭了。（不要在意次數，這只是舉個例子，你要依自己的步調走過這些禪那。）

這個意思是：當你的心對初禪失去興趣並準備好完全放下時，你並不需要做任何刻意的努力去移向二禪，它自然就發生了。這個發生的順序，對每個人來說都一樣。當前一階段完全穩固時，下一階段自然就發生了。這是法的本質。

於是你的心自然地到了二禪。二禪裡的信心是強大的，因為你已經看到初禪的成果了。在你多次獲得二禪之後，發現由定所生的喜樂，已經不像剛開始獲得二禪時所體驗到的。在多次獲得二禪之後，在初禪時發生的事也在二禪發生了。喜悅變得不新鮮了，但你眞的能棄喜悅於不顧嗎？是的。禪那的喜和我們一般意識所知道的興奮不同，但和其他比起來還是有些令人鼓舞，是一種比較精細的心態。但只要喜悅存在，不安就可能侵擾你。喜是二禪的主角，心對喜失去興趣，然後心滑入了三禪，一種更精妙的快樂成為新的主角。

精熟的步驟

你要如何達到我們所說的「精熟」呢？它能一次就到位嗎？不。就像許多其他的事情一樣，過程中有其自然的步驟：

步驟一：轉向

「轉向」的意思是把注意力放在某件事上。在此，轉向是指能正念分明地將你的注意力，帶到一個個從禪那中出現的禪支上。

禪修結束後的這段時間是很有用的，別讓這重要的機會溜走了。你應該反思你的禪那——尤其在它變得穩定、你隨時都可以獲得禪那、想待多久就待多久時。那時，你就可以看得很清楚了。

要記得，障礙並未死亡，只是被抑制住了。只要任何一個被抑制住的障礙變強了，你就會失去禪那。要重複之前的步驟來克服那個障礙。當障礙又被制伏時，你就又重獲禪那了。

步驟二：入定

「入定」是指你能迅速進入禪那的能力，這會隨著練習而進步。由於你已獲得禪那，即使失去了，也能很快地再度獲得。要盡快地重獲。就在這一座，或下一座，或只要你能盡快準備好適當的條件。別讓你的心忘了如何做到，要打鐵趁熱。

步驟三：決意

「決意」是指能下決定留在禪那多久就多久的能力。你堅定或決定要留在禪那，直到事先設定的時間。這個能力在較低的禪那時比較弱，在較高的禪那中則會加強。

在四禪以下的禪那裡，你無法決定停留太久。障礙只是減弱而被抑制住，卻仍然會侵擾心，於是你便失去了禪那。你應該決心重獲禪那，並停留在禪那中一段時間。你的能力並不完美，會再度失去禪那。

你必須下定決心找出哪裡出錯了，而原因總不外是某種心理的不淨煩惱偷溜進心裡了。一旦你發現是哪個障礙惹出麻煩，就要下定決心避免再次發生，決定要克服這個不淨煩惱，並培養支持禪那的良善心態。要再次堅定地保持這種良善心態。

這是禪那裡正念的功能。你從禪那出來後，應該用正念找出問題所在。在禪那中，應用正念保持禪那狀態。所以，你能用正念克服這些不淨煩惱，並用正念重獲並保持住禪那。

步驟四：出定

「出定」的意思是：準確地在預先設定的時間到來時，從禪那出來。你不是在禪那中等到它消失，而是依照自己的意願入定及出定。這是精熟自在的一部分。

步驟五：省察

「省察」意指在出定後，立即以追溯的智慧回顧禪那，以及禪支的能力。你已經注意到禪支，而現在你正刻意地省察它。你要省察的是你在道上的進展，這個禪那的經驗如何幫助了你。你省察如何獲得禪那，以及它有何益處。你審視它如何幫助你克服自己的不淨煩惱，以及還有哪些不淨煩惱仍待克服。

保持禪那

爲什麼要在獲得禪那之後做這些事呢？禪那就像是空中拋球的把戲一樣。你要設法讓東西在空中停留或平穩住，然後東西可能掉下來，於是你又再重來一遍。這需要很多很多練習，而你也必須找到球爲什麼會掉下來的原因。

保持禪那就像是同時拋耍五顆球，亦即五個禪支。你要讓這些球同時在空中而不掉下來，如果有一顆球掉下來，其他的球也都會掉下來，你就得再撿起來，全部重頭來過。球為什麼會掉下來呢？因為你分心了，或許是由於疲倦、旁觀者、車輛、聲音、或只是因為禪那的喜悅。

當你在禪那中時，某個障礙會在心中出現。也許是你的身體非常疼痛，而注意力跑到那裡去了；也許是你聽見很吵的噪音、也許是你想吃午餐了，於是你失去了禪那。你必須全部重新來過。但幸運地，你不必完全另起爐灶，因為你已經學會如何抑制障礙。只要重做精熟禪那的五個步驟，再次獲得禪那就好。

你見過海豹把球頂在鼻子上而不掉下來嗎？海豹可以頂住球一陣子，然後球掉下來了。訓練師必須把球撿起來，讓海豹再做一次。同樣地，你可以保持住禪定一陣子，一旦有事使你分心，你就失去禪定，於是你再度拾起。不要焦躁，你正在學習，就像海豹一樣。

你見過用充氣管讓氣球在空中停留數小時或幾天嗎？那也是一種把戲。一旦你能夠學會平衡五禪支，抑制障礙，你也能長時間保持在定中。你是在學習這種叫作「禪那」的把戲。

12

四　禪

如果你持續精煉正念，就可以到達最高的色界禪：四禪。在四禪中，正念和平等心淨化到一個新的層次。正念就像是位牧羊人，看守著平等心並讓它保持最佳平衡。心純淨、潔白、毫無瑕疵、沒有任何特質，柔軟、順服、穩定、並且沉著冷靜。

不穩定的心全都是因為受到無我和痛苦的念頭干擾所致，這種心態在探究痛苦時會引起不愉悅的情緒反應。有一個培養良好的平等心作基礎，就能夠矯正這種狀況。不穩定的心只想體驗快樂，即使快樂總是伴隨著痛苦而來，就像是買一送一，無論你要不要，都會給你第二個。但當你在四禪時，心沉浸於極度有力及純淨的正念之中，不會再對「痛苦」「無我」「無常」這些字，或是對於直接看見眞相生起情緒反應。

在四禪裡，非言語、非概念的體悟開始經常性地發生了。基礎寬廣的八正道逐漸縮窄到最後一步：正定。覺支也隨之來到。以強而有力的定，四禪穿透五蘊，在幾乎是次原子的層次看見它們的無常、苦、以及無我。這可不是推測或理論性的知識，而是非言語、非概念、體驗性地直接看見五蘊的內在本質。

同樣地，當你引導這極度有力又清明的心到四聖諦時，你的了解也變得完全清楚了。

在這個層次體悟的四聖諦，本質上不再粗糙，是四聖諦最微細的層次。禪那逐漸地聚集力量、禪定的力量及強度，敲破長期打造的無明之殼，完全看清解脫的眞相。

在這個階段，言語溝通已經完全停止了。此純淨專一的心，具足純淨正念及平等心，不需言語音聲或念頭的振動就能清楚明白。這不是言語或思考的階段，你早就度過那個理智思考的階段了。那是在你的心得定以前，那時你以文句的方式練習擇法覺支。

在四禪裡，不要概念性地思考苦、苦的生起、苦的止息、或任何其他的，你只是直接了知。這是心用智慧之眼來看的階段，字句、思考、探究、甚至反省都無處容身，只會阻礙進路，它們的速度太慢而事情變化得太快了。身體的每個細胞在每個刹那都在不斷改變著，當身體以超乎想像的極快速度改變時，沒有定力的心是跟不上的。你需要穩定、順服、柔軟、以及純淨，才能看見那一閃即逝的不斷改變。而唯有得定的心才有這種敏銳度。

你必須利用這種敏銳度。你必須把正念分明的注意力聚焦於色、受、想、行、識，深入到它們各自獨立地消失滅去。就只在一個領域，色、受、想、行及識的範疇裡，所有的活動都發生在那個範疇裡。無論你過去曾有過什麼「我」或「我的」之觀念，現在都消失了。沒有一個「我」在做任何這些事。

雙合一

在四禪裡，專一的心比從前更加清楚地穿透愉悅、高興、恆常、自我的面紗，更清楚地看見不愉悅、苦、無常，以及無我、貪愛、自我和邪見。寧靜輕安和內觀攜手而行，這個狀態叫作「雙合一」。

在巴西有個令人震撼的景象。索利蒙伊斯河和內格羅河是亞馬遜河的兩條支流，這兩條大河在瑪瑙斯匯集成爲亞馬遜河。這兩條河的河水顏色不同，在會合之前平行地流經大約六公里地。我在巴西弘法時曾親眼目睹此景。念和定在四禪裡也是如此，它們會合在一起而形成一條浩浩大河。

不要捨棄這個禪那，別讓它平息。你要利用這個四禪，它不像之前的禪那般需要超越。你很努力才獲得四禪，它不像其他禪那，都是要離開去到更高的禪那。你是要利用四禪來培養觀智。

在這個階段所去除的不淨煩惱，都是深植於心的。只有這種非言語、非概念性的正念、正知及平等心，才能到達這些根深柢固煩惱的根源。你只要把注意力導向自己的這些潛在煩惱，禪那就會打開門。念和定攜手合作地減弱這些結縛，稍後在出世間禪裡，你就能將它們全部摧毀。

獲得四禪叫作「心清淨」，並從這個清淨生起了智慧。

捨離了樂與苦
以及之前就已消失的喜與憂，
進入並安住於四禪，
這是不苦不樂，
具有正念及平等心的清淨。

一旦你獲得了四禪，就不覺得需要離開它。平等心當家作主，而且你有著很強的不苦不樂受。你按照預定計畫，想停留多久就停留多久，世界無法干擾你。樂及苦都捨離了。此「中性感受」將會一直持續，四禪以上的所有禪那都會有它。

除了我們已經提到的這些特質之外，四禪還有許多心理因素（有六個與之前的禪那重複）。只要你獲得並精熟於四禪，就可毫無問題地隨時進入四禪。

出禪那修內觀

許多人都教導：我們必須出禪那再修內觀？真的是這樣嗎？真正的問題是：你的禪定力可以穿透事物，如實洞見其眞相嗎？如果答案是否定的，那麼你的定就是我們之前說過的「某種全神貫注」，算是邪定，而不是正定。如果答案是肯定的，那麼你的禪那就不只是全神貫注，而是正定。

根據佛陀的教導，當你的心專一得定時，你就能如實洞見事物的眞相。如果你的專注是不具正念的全神貫注，那麼你就該離開這種邪定。如果你是在正定裡，你就能觀照，觀照到一切經驗都有的三法印：無常、苦，以及無我。這是你所尋求的，也是你做這一切努力的原因。所以，何必要出禪定再如實洞見事物的眞相呢？

我們在許多經文中讀到佛陀如何利用自己的四禪定力，我們沒有理由相信他是出禪那之後再發展三種智慧：可以看見過去的生生世世〔宿命通〕，看見眾生的死後投生〔天眼通〕，以及自己的煩惱已經被摧毀了〔漏盡通〕。

如果你在近行定就可以如實洞見事物的眞相，就沒有理由要出近行定再修內觀；你已經達到修習的目標了。但是，如果你在近行定就可以如實洞見事物的眞相，那麼在正定禪，你的洞見應該比近行定時更清楚、更強力。

你應該出禪那再反思禪支，以了解禪支的無常、苦、無我嗎？事實上，幾乎不可能在經典中找到應該出禪那再修內觀的證據。如果你出禪那再修內觀，就已經失去禪支了，因爲障礙〔蓋〕又回來了。禪那狀態是讓心專注於四聖諦、無常、苦、無我的理想狀態，可以去除結縛而獲得解脫。

多樣化的平等心

平等心是四禪的顯著特點，是最無私的平衡心態。這種心態的禪修者叫作「樂住於當下者」。這裡的快樂與安詳及幸福喜樂同義。

心若經常執取事物，就會常常被分散、被拉跑，無法客觀穩定地安住，無法只是看清事物。平等心讓你脫離這種散亂，是四禪的主要因素，也是這個禪那可以產生智慧的原因。

在一般意識中偶爾出現的平等心，緣於多樣變化，將有意的注意力分散到看似持久的事物上。在內觀禪修中，你仍在多樣變動的領域裡，仍然與各個感官保持接觸。如果你修習得當，只要任何事物出現於心，你就停住並把自己拉回平等心。你的平等心非常快，但還不是即時的。每個感官經驗都是即生即滅，一閃而逝，而心並不去抓住。不過它的生起還是可以計算時間的。

當我們沉浸於某個感官對象的愉悅或不愉悅時，我們就沒能注意到它的無常。平等心的功能就是突破這種執著的反應，並揭露輪迴中一切事物的無常。

多樣化的平等心，可以用六個感官（包括意根）〔六根〕，以及六個感官對象〔六塵〕來解釋。

眼與色。當你的眼睛看見一個形象時，你就開始執取，然後你迅速地拉回到平等心。如果有平等心，你就會忘了這個形象的好看，而只把它當作一個視覺現象。你用平等心看到所見事物的無常。

耳與聲。當你的耳朵聽見某種聲音時，就迅速拉回到平等心。如果是不好聽的聲音，你就只是放下那個不好聽。它只不過是個聲音。你用平等心看見所聽聲音的無常。

鼻與香。當你的鼻子聞到某種氣味時，就迅速地建立平等心。你知道這只是種氣味，沒什麼好聞或不好聞的。你用平等心看見它的無常。

舌與味。當你以舌頭嚐到滋味時，就只是把它當作一種滋味。放下好吃、不好吃或普通，看見它的無常。

身與觸。當你的身體碰觸到某物時，只要知道有個碰觸就好。你立刻建立起無所偏好的狀態，看見無常。

心與法。當你的心認別出某個心理對象時，就讓它只是個出現於心裡的東西，沒什麼好或壞。讓它只是個心理現象，本質上就是無常的。

當你具有多樣化的平等心時，每當感官對象出現在你的感知世界時，就停止並拉回到平等心上。當你能持續而良好地做到這一點時，就是善於「守護根門」。

當然，這一切都始於正念。七覺支始於正念。你的正念必須夠敏銳，才能迅速注意到自己正牽扯入這些感官知覺。只有這樣，你才能建立所需的平等心，好除掉那緊跟於後的立即反應。

統一的平等心

在四禪中會發展出另一種平等心，當時的意識因定力而專一集中。在四禪以上，感官印象並不生起，你的平等心不是緣於六個感官中的任一個。其生起純粹緣於定或心一境性，同時亦有正定。由於沒有任何感官經驗的空間，於是平等心是平順而持續的，是立即而無間斷的。當正念具足時，對無常的覺知是平順而穩定的。

完美的平等心讓其他因素也得以統一。在此，你一直在培養的覺支會合了。你這輩子一直在做的良善行爲，這裡一點、那裡一滴，此時全部在四禪裡結合並產生成果了。當你獲得四禪時，平等心是緣於心的統一。心在二禪就已經統一了，但在四禪則是完美的統一，因爲你的感官已經不再回應感官刺激了。

當你在一般意識上看見無常時，可能是頗爲痛苦的。每件事都不斷地悄悄流逝，而你依然執著，也希望能持續不變。所有你愛的，不是已經消逝，就是即將消逝，對此，你有著強烈的情緒反應；這很正常。然而，在四禪中是沒有情緒反應的。平等心和正念強大而清楚，它們變成平等的夥伴。你平順而無回應地看見無常、苦、以及無我，它本來就是這樣。

光明及所見

在本書一開始時，我們提到心是明亮的。禪那是你清楚看見這一點的地方。心充滿了美麗的光亮，你可以清楚地看見一切。

當你獲得四禪時，這個光亮變得顯著。關於心的明亮，佛陀說：

它變得柔順、容易駕馭、純淨、光輝、毫無瑕疵、已去除不淨煩惱。它穩定而沉著冷靜。

這裡並未直接提到明亮，但以純淨、光輝、毫無瑕疵、已去除不淨煩惱，間接地表示這個明亮是很有力的，佛陀用它開發出神通。看見過去生生世世以及眾生的死後投生（宿命通、天眼通），是世間的神通力；更重要的是能看見四聖諦和摧毀不淨煩惱的那種智慧。

在禪那中，也有類似於光亮的經驗，但那不是一般身體感官的結果。只要禪修者是在正定中，就有光明和所見，那是心能清楚地如實看見事物眞相的狀態。精進、念及定團結合作，打開了智慧之眼，讓你能如實地了解一切事物的眞相。此時，明亮的心最爲燦爛，讓所見也最爲耀眼。

我們人類非常強調「所見」。通常我們說正念與正知「看見」了。佛陀在覺悟後也對眼裡有一點點塵沙的人傳法。對於入流證果的人（已去除了身見），我們說是「見道者」。經典中十分強調「看見」；當佛陀覺悟時，他說「眼生」。

只有當慧眼清晰時，你才能看見眞相。慧眼暫時地去除了疑惑或塵沙。無明，以結縛來表示，長久以來一直困惑著心。當結縛從心中去除時，你的慧眼便能見到一切緣生事物〔諸行〕無常的眞相。

佛陀在說明自己獲得禪那時說：他獲得明及見，但兩者很快地消失了。佛陀思考它們會消失的原因，發現是心裡生起了不完美而定力退失了。當定力具足時，就有光明和所見；當定力退失時，就失去了光明和所見。於是佛陀以正念重新修習，直到再度獲得定力、所見及光明。

即使是很微細的塵沙，都能使最好而強力的望遠鏡失眞，讓它不能如實地將清晰的影像呈現於人們眼前。只要有一點點微塵在你的心、腦、神經系統，它們就無法充分運作了。讓從事心靈修行的心保持完全清淨更是重要，否則它甚至無法暫時回憶起過去的生生世世，或是看見眾生如何依業而於死後投生，就像佛陀所做的。而最重要的，就是心無法摧毀所有的不淨煩惱。這並非用理智推測，而是用純淨、清淨、高度專注的心來看。

只有在四禪裡，平等心、念及專一的定才強到足以做這些事。一旦你從四禪或任何禪那中出來，卻想做這些事，心的強度和力量就變弱了。你離開禪那越久，禪那的力量和強度就越弱，直到障礙又完全恢復力量，於是你的心幾乎就和獲得禪那之前一樣了。你有著禪那的餘溫，但沒有充分的強度及力量。

這就像爬山一樣，在山頂你可以看見環繞著山的寬廣遠大視野。從山頂上看見的世界是廣大的。只要你在山頂上，就可以看見四周景色，視力多好就能看得多遠。如果往下走，甚至只要一步，你就失去那個視野，所見就不一樣了。你越往下走，所見就越狹隘。

同樣地，只要你在四禪裡，心就能保持清明、純淨、穩定、無瑕疵、潔白、平等心，以及沉著冷靜。當你離開四禪，這一切就會變弱，最後消失。

獨一，無著，空

即使你精熟於禪那，你還是會失去禪那，這是因爲你的禪定成就是無常的。一切，包括你長期尋求的禪那，都是無常的！你體悟到無論什麼，都是在這遍及一切的無常領域裡運作。消失的就永遠消失了，完全不再了，也沒有留下任何痕跡。這是「獨一」的體驗。你可以在禪那裡或是之後概念性的省察中，看見這點。

專注的心可以在三個層次洞見無常：生起、頂點、以及滅去。這是色、受、想、行、識每一次無常的三個小剎那，發生在你專注的心裡，就像是一粒芥菜子掉到熱鍋中一樣。你的經驗破解成微小的片段，伴隨著爆裂聲，就像是水滴滴到熱鍋上一樣，碎裂成微小的粒子，快速地蒸發了，沒有留下任何痕跡。雖然你已經知道無常，但這是你第一次在這麼微細的層面、這麼密集地體驗到無常。

一再失去所擁有的東西，是很令人沮喪的，這就是不滿意或苦。貪欲就像黏膠一樣，把念頭、想法、感受或知覺黏到心上。你用慧眼看見這個黏膠，也同樣受著遍及一切的無常所影響，正在乾枯、減弱，支配性正在悄悄溜走。在這個階段，心不再黏著於任何東西，這就叫作「無著」。

你體悟到禪那是無法一直保有的，當你出禪定時，就會失去。這個失落感加深了你的沮喪。這個持續得到又失去整個世界的經驗的「你」是什麼？事實上這並不存在，存在的只有經驗，不斷地生了又滅、來了又去的經驗。這是你對於無我的洞見。你在失去裡看見了空。這叫作「空」。

不過，這些洞見並不很深刻，這些「獨一」「無著」「空」的體驗是淺顯的，但卻很有用。

利用四禪

你在四禪停下來，不要再往上到更高的禪那。你要利用這個四禪。沒有什麼過渡性的中間狀態要從四禪前往的。四禪的特質讓心能夠有最佳機會，能在最微細的層面看見五蘊的變化，因爲此時的心是純淨、清明及精細的。

佛陀總是正念分明，他的心總是純淨、清明、平等、冷靜沉著、明亮、閃耀及穩定。

然而，佛陀仍然要獲得四禪，以便得到最敏銳與最有力的專一定力。只有在禪修到最深入的階段時，才能在微細層面體驗到身心所發生的變化。此時，字句、念頭、概念都停止了，但無常的感覺持續著。這時，你知覺到法是超越時間的，意思是佛陀所教的法則是永遠存在的。這只有在你深入禪修、具有念及定時，才能體驗到。

這個體驗無法用言語形容。在此階段，法清楚明白地呈現在你心中。你看見了苦，但你並不因而受苦。你能看見一切法、一切感受、一切識、一切思想及一切知覺的眞相。你在這一切中所看見的眞相就是：它們只是流經覺知，只是流過去，毫無黏著；注意力並不抓住任何東西，只是讓它流過。

要得到這種質地的專注定力，你必須經過嚴格訓練，需要我們之前談過的所有項目：道德戒律、守護根門、正念、正知、知足、精進、獨處、修習慈愛。由於你並不執著於這些良善念頭（即使這事實上很令人愉悅），你可以既不執著也不離開這些念頭，但依然保持正念分明；這就是保護但不執著的狀態。

保護你所贏得的，

但毫無執著。

你的注意力、念及定一起合作，好看見這些禪支本身的無常、苦及無我；它們不是念頭，而是身心裡動態的行動或活動。它們出現時，心可以很容易就注意到。事實上，在禪那裡，它們比平常其他時間更爲清楚明顯。

即使離開了禪那，你還是能記得禪那中的禪支，但是你的體驗已經沒有了。而要反思這些禪支的無常、苦及無我，最有效是當你參與其中時，而非之前或之後。

你在實際體驗時最能體會無常，任何事都一樣。你在體驗之前或之後所做的，只是應用邏輯推理的理智思考或哲理推究而已。

古代最重要的老師大概是覺音尊者了。他撰寫《清淨道論》，並指出一點：禪那的意思之一是焚燒掉所有違反禪那的因素。你無法用思考來焚毀它們。只有在它們存在時、實際現前時，你才能焚燒。

不淨煩惱有著「流進」及「流出」。它們流進心裡並在那裡蘊釀，變得更有力；然後更具威力地流出，展現爲粗暴言語和惡行及焦躁不安的情緒。在禪那裡，你直接焚燒這些流進和流出的不淨煩惱。這些不淨煩惱深藏在你的潛意識中，但在禪那裡，它們少量少量地逐漸浮現到意識層面。

禪那狀態是很平靜、安詳、寧靜的。你的定力，加上純淨的正念和平等心，能逮到這些流進流出的不淨煩惱並加以根除，而不會被情緒反應所障礙。如果你是出禪那再做這件事，就只能試著用邏輯、理性思考來去除不淨煩惱，而那是不會成功的。你可以在心很深入、專注的狀態下去焚燒或去除不淨煩惱，那時的心才有辦法去除它們。要焚燒不淨煩惱，它們得在心中生起；要在它們生起時焚燒它們，而不是之前或之後。

禪那也可以用其他方式幫你焚燒惡性的影響力。有時候在你聽法時，心能夠很深入專注。你可以懂得法的意思、生命的意義，而去除貪、瞋、癡的根源——就在原地坐著時。就像這樣，許多人在佛陀說法時就得到覺悟，包括比丘、比丘尼、男人、女人都有。當心沒有了障礙和其他心理紛擾時，心態是非常清晰明澈的。

你可能也記得這些，這可能發生在任何人身上：當你聽人說話時，忽然失去了頭緒。你的心有一陣子不在談話上，跑到其他地方去了，深深沉迷在其他事情中；過了一陣子，心又回來了。在那一段時間裡，你的心想著其他事情，甚至沒有聽到說話的聲音。

同樣的心路歷程可能發生在聽法時。當說法者在說法時，你的心深入到他所說法的意義中，然後你見到他所說法的內在本質，於是法變得完全清楚了。你透過一個小窗見到法的清明純淨，體悟到佛陀教法的完美。當這個體悟生起時，你的心體驗到法的原始純淨，而疑惑消失了。

就在此刻，你進了「入流」（預留果）之道。

13

無色界禪

解脫並不需要無色界禪，需要的是修行八正道。不過，修習無色界禪可以有助於止觀的增長，而這可以爲禪修者的心靈圓滿度添香增色，所以佛陀將無色界禪納入教法中。但你可以自己選擇是否要發展無色界禪。

四無色界禪

四個無色界禪那稱爲「無色」（*aruppas*）或「超越色（物質）的安詳解脫」。它們不像之前的禪那以數字表示，而是以目標範圍來命名：空無邊處、識無邊處、無所有處、非想非非想處。

四個無色界禪那被稱爲「無色」或「非物質」有兩個原因：第一，它們是克服了對一切物質的感知而獲得的，甚至是禪修所緣「似相」的精細物質。第二，它們是存在的無色界（無色界天）的主觀對應。

要超越較低的禪那到下一個禪那，需要去除比較粗的禪支；而組成狀態的實際改變則決定了意識的精細度。不過，當你從四禪到第一個無色界禪，或從一個無色界禪到另一個無色界禪時，其組成因素並未改變。四禪和所有的無色界禪都有著完全一樣的意識成因，只是較高的禪那比之前的更精細、更安詳、更崇高，但是在數量和核心本質上並無不同。

從一個到另一個無色界禪是透過改變專注的對象，而不是透過去除或取代它的組成因素。所有五個無色界禪都包括同樣的兩個禪支：心一境性和不苦不樂受。

第一個無色界禪：空無邊處

四個無色界禪必須依序獲得，從空無邊處開始一直到最高的非想非非想處。想要尋求無色界狀態的動機，在於清楚體認到粗重色身所造成的危難。你也可能因為色身易受無數疾患的脆弱而覺得厭惡：你有可能罹患眼疾、耳病，以及其他身體可能遭受到的無數折磨。

如果你想擺脫這些危難，就必須先獲得四個色界禪。你可以用各種所緣，除了有限的「空遍處」，來進入第四禪。到那時，你已超越了粗色（粗重物質），但仍未完全超越所有色。禪那的所緣，本身明亮的「似相」仍然是色相（物質）。要達到無色界禪，你必須眞正熱切地想要完全超越物質性的遍處。「似相」的物質性是粗色的對應，仍然有著物質的缺點。

你爲什麼要對一般的色身感到害怕呢？覺音尊者給了我們一個譬喻：假設有個膽小的人在森林裡被一條蛇追趕，他逃脫了。後來他看見一條像是蛇的東西，可能是上面有條紋的棕櫚葉、一條藤蔓、一條繩子、或是地上的一道裂縫，他就變得既害怕又焦慮，不想看到這個東西。

你可能因爲看見粗色的危難而嚇壞了，就像那位怕蛇的人一樣。你可以逃到四禪以脫離粗色；你可以觀察遍處的精細色就是粗色的對應，而不想再看到它。

一旦你對達到無色界禪產生了強烈的欲望，就必須先用第十一章學到的五個步驟來精熟四禪，然後在出定後，你感知四禪的缺點以及下一個較高禪那的利益。缺點如下：

四禪的所緣是色相，仍與粗色有關連。

四禪接近於快樂——三禪的一個禪支。

四禪比無色界禪粗糙。

然後你了解空無邊處比四禪更爲安詳、崇高，離開色的距離更加安全。要獲得第一個無色界禪那的方法是，在心裡擴展遍處「直到世界的盡頭，或盡可能地遠」。然後不管遍處，把注意力完全放在整個空間上。

原來的物質遍處是禪定的基本對象，你持續將心專注於此，直到「取相」在心裡出現。這個記憶的心理影像就像物質實體一樣清晰，近行定和色界禪的所緣就是這個概念化的影像。

在進入每一個禪那後，你學習將這個「相」向外擴展，讓這個視覺化的遍處逐漸擴大範圍，大到整個宇宙或者更大。現在，要達到空無邊處，你必須移除這個遍處，並完全只注意它原來所涵蓋的空間。

當去除它時，
既非像蓆子般折起，也非像蛋糕般出爐。
只是不再轉向它、注意它或省察它。

當不再轉向、注意也不省察，
而是全心只注意它所佔的空間，
只是「空間、空間」，
如此即謂「去除遍處」。

把去除遍處之後的空間當作你的所緣，用尋和伺注意它爲「無邊的空間、無邊的空間」、或只是「空間、空間」。你一再地這樣修習，重複再重複，直到這個概念達到圓熟。當你培養到完全成熟時，一個以空無邊爲所緣的新的意識，剎那就生起了。

完全超越了物質的感知，
質礙的知覺已完全消失，
不再注意多變的感知了，
覺知「空無邊」，

如此進入並安住於空無邊處。

這裡有很多語句可能需要澄清：

「完全超越了物質的感知」的意思是，你超越了所有對於物質的知覺，包括對於實體遍處的一般知覺以及精細「似相」的知覺。你已經把你用來獲得色界禪的心理對象捨棄了。

「質礙的感知已完全消失」的意思是，每個對於物質的知覺都包括了某個感官對象與感官的碰觸。總是會有著輕微的質礙（resistance），一個感覺衝擊的剎那，而你也將它捨棄了。

「不再注意多變的感知了」的意思是，每當你體驗到什麼，你就會將它與其他感知作出區別，而這把你的經驗世界切成了片片斷斷。你將這多變感也捨棄了。

「空無邊」的意思是，由於已經沒有了個別分開的感知，也就沒有了「空間有邊際」的感知了。沒有開頭、或中間、或結尾，它是無邊無際的。

結果是幾個獨立的意識剎那，每個都各有其巴利名稱。有三或四個剎那的近行定，仍然與身體感官接觸並具有平等心，接下來的剎那就是完全沉浸於空無邊的微細感覺。

有個小難題是關於空遍處的：你可以用任何遍處來獲得無色界禪，除了空遍處之外，因為它代表的是任何有限的空間。禪修者通常是專注於牆上的一個小洞，或是鑰匙孔的空洞，或是一扇窗子之類的有限空間。「空無邊」這個修法的目的是擴展你的禪修所緣，直到充滿並代表無限空間。你無法將有限空間擴展成無限空間。有限的就是有限的，因此這個空遍處就不適用於這個修法。

第二個無色界禪：識無邊處

要獲得第二個無色界禪，你必須先精熟第一個，並見到其缺點：「空無邊處」仍然靠近色界禪，而且沒有較高的無色界禪那般安詳。你不斷反思這些缺點，直到它們成眞，然後心自然而然地對第一個無色界禪不感興趣，而將注意力轉向第二個。

完全超越了空無邊處，
覺知「識無邊」，
如此進入並安住於識無邊處。

你專注於覺知空無邊的意識上，而這個意識也是無邊的，甚至更爲精細；你注意它爲「無邊的意識」或只是「覺知、覺知」。你的對象是覺知，但你一直要記得這個無邊無際、無限的本質。

這些是一般的刻意念頭，你要一再地轉向它們，一再地對自己重複「覺知、覺知」。障礙被抑制，心進入了近行定，你持續培養「似相」，接下來是一個完全沉浸於識無邊的剎那。

第三個無色界禪：無所有處（空）

要獲得下一個無色界禪：無所有處，你必須要先精熟識無邊處，然後在省察它之後，確信它因爲鄰接著空無邊處而不完美；比起較高的禪那，識無邊處是粗糙的。體認到這些缺點後，你去除了執著，感知到無所有是更加安詳的。

完全超越了識無邊處，
覺知「無所有」，
如此進入並安住於無所有處。

要專注於無所有，你要注意非存在（non-existence）、空，以及空無邊處的隱含層面：空無邊的意識是一個經驗，但已經沒有了，已經不在你心裡了。你注意這個不在（absence），而空無邊中什麼都沒有，那也是不在。你注意那個一無所有。

《清淨道論》中這麼解釋：有位和尚看見一群和尚聚集在大廳裡，然後他走了；當他再回來時，那些和尚不在了。他沒有想到那些和尚或他們到哪裡去了，他只是專注於目前的不在，大廳的一無所有。

你一再地注意這個無所有，自己想著：「無所有、無所有」或「空、空」。障礙被抑制了，近行定接著生起，你持續注意那取代了刻意念頭的精細「似相」。當你精熟了這個練習時，就生起了一個完全沉入的剎那，「屬於無所有處」的意識。

識無邊處和無所有處都關注於空無邊處的意識，然而它們是以相反的方式關注。第二個無色界禪正面地將它具體化，專注於它的內涵：充滿無限空間的意識或覺知。而第三個無色界禪則專注於它的一無所有。

必須超越的是識無邊處，即第二無色界禪以及它的所緣。

第四個無色界禪：非想非非想處

如果你想繼續前進到第四，也是最高的無色界禪，你必須先以五個步驟精熟於無所有處，然後思維其缺點以及非想非非想處的優越。你也可以反思「想」（感知、知覺）本具的苦。你可以思考：「想是疾患，想是疣，想是刺。非想非非想比較安詳，它是崇高的。」這止息了你對第三無色界禪的執著，並生起更上層樓的欲望。

第四無色界禪的對象是構成無所有處的四個名蘊：受、想、行、識。第二無色界禪的對象是第一無色界禪的識；同樣地，第四無色界禪是以第三無色界禪的識以及相關的狀態爲對象。

專注於無所有處的四個名蘊，你注意這個狀態爲「安詳、安詳」。你以尋來省察，以伺保持這個念頭。障礙被抑制了，心進入近行定，然後你逐漸進入到完全沉入非想非非想處。

完全超越了無所有處，
如此進入並安住於非想非非想處。

你超越無所有處而獲得第四無色界禪，但第四無色界禪是以第三作爲對象。你透過專注於無所有處爲「安詳、安詳」而達到第四無色界禪。

你如何專注於無所有處卻又超越它呢？雖然你專注於第三無色界禪爲安詳，但你對此並無獲得的欲望。這是因爲你已經確定了：第四無色界禪更加安詳崇高。

覺音尊者舉了一個例子：有位國王經過大街時看見工匠在工作，他欽佩他們的手藝，但他自己並不想成爲工匠；他知道國王是更優越、更有利益的。

「非想非非想處」這個名字顯示了這個禪那深奧難解的本質。一方面，它沒有了粗糙的想；另一方面，它還有精細到某種程度的想。沒有了粗想，它就不能行使想的決定功能：清楚地辨別對象，因此不能說有想。然而它又有極度精細的想，因此也不能說沒有想。想、受、識、觸、以及其他的心所都還繼續著，但已經減低到最微小精細了。這個禪那也叫作「以餘行獲得」。

注釋中以下面的故事說明其意義：有位沙彌弄髒了一碗油，一位年長的比丘要他把碗拿來盛粥。沙彌回答：「尊者，碗裡有油。」比丘告訴他：「沙彌，把油拿來，我要添滿油管。」沙彌回答：「沒有油了，尊者。」

沙彌兩次回答都是眞的。「沒有油了」是因爲沒有油好添滿油管，然而碗裡還有一些餘油，所以沒說碗是空的。

到了第四無色界禪，心已經達到定的最高層次。識已經獲得最精純的專一，變得非常精細微妙，無法用存在或不存在來形容了。然而我們將會明白，即使是這麼高的成就，仍然是在世間裡。從佛教的觀點來看，最後必須由觀智接手。只有觀智才能導向眞正的解脫。我們在最後一章會談到。

14

出世間禪

出世間的覺悟歷程有四個階段：預留果〔入流〕、一來果、不還果、阿羅漢。這些階段按照這個次序發生，我們在本章也會依序一一探討。你是在入流的刹那獲得出世間禪那。

那些獲得世間禪定的人，只是把障礙抑制住了，但並沒有摧毀它們。獲得世間禪那的人只要不失去他們的禪定，就能生活快樂。而那些獲得出世間禪那的人，不但摧毀了障礙，也摧毀了結縛。

只獲得世間禪定的人，可能仍會有想要投生於梵天界的欲望，意思是說，獲得比現在更好的處境。他們可能仍然希望自己還有未來，而且比現在有更好的處境。但獲得出世間禪定的人，已摧毀了任何想要以任何形式或身體再生的欲望。據經論所說，獲得出世間禪那的禪修者如果尚未完全覺悟，將會再投生限定的次數，而且只會再生於更高的界。

正道的最後一步是完全解脫的智慧。任何解脫階段，都是以出世間禪那的定力獲得的。獲得完全解脫，就完全終止了再生。

出世間聖道

出世間禪那也叫作出世間聖道。你從修行世間八正道開始，心中仍有些疑惑。當你克服了疑惑，親身見證了眞理並進入出世間八聖道，從那一刻起，直到你獲得完全解脫，你都是在出世間的層次上修行八聖道。

八正道的每一個都有兩個層面：世間層面是「有漏，與功德有關，基於存有而成熟」；出世間層面則是「神聖、無漏、出世間、道支」。

即使在道的世間層面，你也必須培養正見、正志、正語、正行、正命、正精進及正念，以獲得正定；而現在每一個都必須充分增長，一直到出世間的層面。出世間的一心是神聖無瑕的狀態，已經去除了所有不良的心理制約。

在八正道上的進展，可以約略分爲四個階段，每一個都對應於修行者的禪定程度：

未受教的凡夫受到障礙及結縛的束縛，他們通常都沒有禪那的親身經驗。

受教的凡夫已經進入了世間道。如果他們修禪定，也是世間禪，障礙雖受到抑制，但仍未從心裡去除。

聖弟子已經跨越到出世間聖道，他們利用出世間禪那根除了結縛——支撐住障礙、並將他們綑綁於輪迴中的結縛。

阿羅漢已經完成了所有的工作，結縛全沒了，他們用禪那作爲「樂住處」。

八正道的每一步都是心理狀態，無論是世間或出世間層面都一樣。當你用自己的慧眼深入觀察，親身體驗到一切緣生事物都是無常時，你的心態就改變了。你對於無常的膚淺了解已變得深入了知，而你已獲得了入流之道。從那一刻起，八正道變成了出世間八聖道，而你也開始拆除連結此生到來生的橋樑。

摧毀疑惑

要獲得入流，你就必須克服疑惑，而這既是障礙也是結縛。當你獲得世間禪那時，你抑制住疑惑；但當你獲得入流時，你是摧毀了疑惑。如果你已將疑惑減弱，就會比較容易摧毀它。你已學會避開疑惑以進入禪那，那使得疑惑變弱，於是你便能以正念強力地審查它，將它永遠焚燒掉。

有兩種人比較沒有疑惑的困擾：第一種是信行人（faith-follower），這種人獲得覺悟的主要工具是信。他對佛、法、僧深信不疑，走的是虔誠信仰的道路。由於這個強力的信，他可以沒有任何世間禪定就獲得入流之道。他的信心能讓他摧毀疑惑。

第二種是法行人或慧行人（Dhamma-follower 或 Wisdom-follower），這種人的主要工具是對法的深入理解。他全面地運用理智來思考，他的理智引導他趨向深刻無語的了解，亦即眞正的智慧。他可以不必獲得禪那，只藉由穿透性的觀智而獲得入流之道。他的觀智能讓他摧毀疑惑。

只有這兩種人能夠直接進入出世間禪那而摧毀結縛，其他人則需要世間禪那，好先將結縛減弱。

所以，你是這兩種人之一嗎？要誠實。對我們其他人會發生什麼呢？我們還有機會解脫嗎？答案是響亮的「是的！」而這正是禪那的功用。

出世間聖道的階位

出世間聖道的每一階位都各自又分成道和果兩個階段，這兩個階段都有確定的特質。每一個階段都有特定的體悟，一個標示道階段的開始，另一個則表示「漸入」（graduation）果階段。每一個階段都去除了一個或多個結縛，至於這些結縛去除的順序則依你是哪一種人而定。信行人依某種順序去除結縛，法行人依的又是另一種順序。

阿毗達摩〔論藏〕是古老的典籍，裡面詳細分析了心理和身體運作歷程的原則，將經典中的法教作詳細的學術研究，並加以原理分類和編目列表。

阿毗達摩中說到，道和果這兩個階段的生起可能非常迅速，幾乎是同時。我則覺得每個階段有可能需要一剎那、一生、或介於其中的任何長度。經典說反思你在每一階段的成就是很重要的，所以一定要有時間來做這個反思。此外，有些經典也談到供養這些位於不同階段的人。對我來說，這表示有人待在不同階段夠久，這樣才能區分出彼此。

其他經典則暗示道階段會先生起，然後禪修者親近道階段，在獲得果階段之前增長並培養它。這表示這個人在證果之前，有時間親近、培養、以及增長道。即使有些人的得證似乎是立即的，他還是必須先證得道，再證果。同時證得道和果是不可能的，這在經典中從未提到過。

當你修出世間聖道時，你就成爲佛陀的八輩聖弟子之一。「聖弟子」就是進入出世間層面的八聖道的人。在這個層面，他的結縛已遠離。這樣的人至少已經以出世間禪那獲得入流了。

在每個階位的每個階段，反思其歷程是很重要的。古代經典列出了四件要反思的事：已經摧毀了什麼不淨煩惱，還有哪些要處理，趨向去除煩惱的道，成就的果。

入流

第一個出世間禪那摧毀前三個結縛：相信有一個恆常存在的我（見結）、疑惑（疑結）、執著於儀式典禮（戒禁取結）。這三結摧毀的順序依你是哪一種人而定。如果你是信行人，那麼在證得入流時，首先摧毀的是疑結；如果你是慧行人，那麼在證得入流時會先摧毀我見。下面的說明是依照第一種。

道。在入流的道階段，你「得法、知法、澈見法」。你超越了疑惑，消除了困惑，得到無畏，並且能夠自立於佛陀教法中而不依於他人。在此之前，你的疑惑只是被二禪的喜悅抑制住而已；在此，你則體驗到疑惑完全消除。之前對於佛、法、僧及道德戒律的疑惑已經消失無蹤。

你繼續在出世間層面修行八聖道。你對於藉由儀式典禮獲得解脫的信仰已經消失無蹤，你悟到過去所遵循的儀式典禮，並無法帶給你現在所獲得的智慧，只有修行法並獲得正定才能夠。

果。當你克服了相信有一個獨立的我時，就證得入流的果〔預留果〕。你心裡還會有一些殘餘的「我」的感覺，但你已經不太把這當一回事了。

這個覺知激起了你對佛、法、僧堅定不移的信心。聖弟子就是依循佛陀及其法教而成爲聖弟子的。你現在確信不疑，此生之前有過去生，也有許多修行此正道而完全從苦中解脫的人。

懷著信心、信仰的力量，以及對於無我的清楚了知，你繼續前進。你注意自己身心經驗的無常本質，回憶所有過去的身心經驗都已經改變了；同樣地，所有未來的身心經驗也將改變。所有過去、現在、未來的經驗生起又滅去。你了解到五蘊：色、受、想、行、識，都具有同樣的本質，生起又滅去。它們都是由於因緣條件而生的，當那些條件改變時，它們就滅去了。

知道了死亡之前和之後都有出生，恐懼生起了。你體悟到如果不立刻從苦中解脫，就將會再生；你會再遭受同樣的痛苦、憂愁、悲傷、以及絕望。你可能害怕自己會在還未從這些苦中解脫之前就死去。了解到這點，你希望能從輪迴中完全解脫，你希望永遠不再出生。

一來果

第二個出世間禪那減弱了你對於感官欲樂的貪愛及瞋恨。

道。現在你在每一個呼吸裡、每一個細微事件中，都經常地見到五蘊；你注意到身心的每一個有意行爲都牽涉到整個五蘊。它們和你刻意做的每一件事都有關，你見到它們的細微部分隨時都處於流動的狀態，即使在稍縱即逝的瞬間之內都不斷改變著。當粗顯的渴愛消失時，你就進入了一來果的道階段。

果。當粗顯的瞋恨消失時，你進入了一來果的果階段。

如果你是個易於瞋恨的人，第一個要克服的結縛就是粗顯的渴愛。如果你比較傾向於渴愛，就要先克服粗顯的瞋恨。哪一種結縛比較顯著，就會最後才克服。要注意我們說的是貪瞋的「粗顯」部分，微細的貪瞋都還在。

不還果

第三個出世間禪那永遠摧毀了對於感官欲樂的貪著和瞋很。有人可能先摧毀感官欲樂的貪愛，另一人可能先摧毀瞋恨。這個差異和之前一樣，是依各人的性向和特質而定。

道。以前所未有的活力、勇氣、信心、以及清明，你在出世間層面修行八聖道。在你獲得初禪啓發的慈悲喜捨成熟結果時，心裡最微細的瞋恨也完全消失了。那一刻，你進入了不還果的道階段。

果。然後，當對於感官欲樂殘餘的貪愛最後也永遠消失時，你進入了不還果的果階段。

阿羅漢

第四個出世間禪摧毀了最後五個結縛（五上分結）：物質存有的貪欲（色貪）、非物質存有的貪欲（無色貪）、我的想法（我慢）、不安（掉舉）、無明。當你從世間禪定跳到出世間禪定時，明亮的心能夠永遠淨除外在的不淨煩惱，而成果就是阿羅漢**道**。此時對於物質存有的貪欲已經消失無蹤了。隨著你繼續在道上前進，對於物質和非物質存有的貪愛、我慢、以及掉舉，一一從心中消失。

果。最後，產生自我的最終餘燼，以及對於四聖諦的最終微細無明，都從心中消除了。此刻，你獲得了完全解脫的成果。

然後這個想法生起了：此生已盡，梵行已立，所作已辦，不受後有。

此刻，經過漫長艱難的覺醒歷程，你已獲得解脫，佛教修行的究竟目標。

而這一切都始於單純地觀察呼吸的進出。

詞彙解釋

【一劃】

一來果（Once-returner）：出世間道的第二階位，在此你去除了粗重的貪瞋。

【二劃】

二禪（Second Jhana）：二禪的特質包括：微細的念頭退去了；以喜悅為主；快樂、平等心、念及定也都俱在。

入定（Attaining）：能迅速進入禪那的能力，隨著練習而增長，是禪定自在的一部分。

入流（Stream Entry）：出世間之道的一個階位。這是你眞正見法的時候。你去除了疑、對於儀式的依賴〔戒禁取〕，以及自我的觀念〔身見〕。

八正道、八聖道（Noble Eightfold Path）：你的生活中必須具有八正道的每一步，才能營造出培養禪那所需的安詳、穩定氣氛。整個八正道分成兩部分：世間與出世間。八正道的每一個都可以部分或完全培養。

【三劃】

三十七道品（Thirty-seven Factors of Enlightenment）：解脫有其組成因素。所謂支、品，指的是某件事物的特質或面向，是動態的，通常是其他事物的起因，亦即要讓第二件事物出現所必須要做或要具有的事。在此，就是為了讓覺悟發生所必須具有的因素。覺悟有三十七個因素，分為七個互相重疊的群組：七覺支、八正道、四念住、四正勤、四神足、五根、五力。

三摩地、定（Samadhi）：禪那和三摩地非常相關、但並不同。禪那的意思較狹隘，一定要具足五禪支。三摩地則是定的通稱，字首動詞字根的意思是憶持或聚集。所以，三摩地指的是專注或心的專一，可以是良善或不良善的。

三摩缽底、等至（Samapatti）：三摩地的最高階段。在某些佛教文獻中，三摩地和三摩缽底是同義字。

三禪（Third Jhana）：三禪的特質包括：喜悅退去；快樂為主；平等心、念及定增長。

【四劃】

不正念省思（Unmindful Refection）：一種沒有觀照身心當下發生的事的思考歷程。在這個狀態下，人完全沉浸在思考歷程中，但未正念於其本質，而忽略了要觀察你的經驗的深刻本質、想蘊對你的影響，以及對你未來的心會有何影響。

不正當的禪那（Wrong Jhana）：沒有正念的禪那。見「邪定」（Wrong Concentration）。

不安及憂慮、掉舉（Restlessness and Worry）：五個障礙〔五蓋〕之一，是瞌睡昏沉的相反。你有顆猴子心，不斷地跳來跳去，不肯安定下來。

不還果（Never-returner，Non-returner）：出世間道的一個階位，在此你已去除了對於感官欲樂的微細貪瞋。

巴利（Pali）：南傳佛教的古老經典語言。

支、品、因素（Factor）：某件事物的組成因素。例如：三十七道品又分成互相重疊的七組：四念住、四神足、四正勤、五根、五力、八正道、七覺支，這些全都是「支」。七覺支這一組則含蓋了所有。

【五劃】

出世間禪（Supramundane Jhana）：聖者們在不同覺悟階位的禪那意識狀態，叫作入流〔預留果〕、一來果、不還果、以及阿羅漢。

完全焚燒掉結縛導向出離輪迴。

出世間的一心是神聖無瑕的狀態，已經去除了所有不良的心理制約。據經論說，獲得出世間禪那的禪修者如果尚未完全覺悟，將會再投生限定的次數，而且只會再生於更高的界。獲得完全解脫，就完全終止了再生。

出定（Emerging）：意思是你毫無困難地隨著意願在預定的時間離開禪那。你不是在禪那中等候它消失。你隨著意願進入和離開禪那〔入定和出定〕，這是禪定自在的一部分。

四大、四大元素（Four Elements）：幫助你專注於四念住的一個分析系統。四大是：地〔堅固性：地大代表堅固性、輕重、實體性、緊密度，顯現的特質是硬或軟〕；水〔凝聚性：水大有著濕潤或流動的特質〕；風〔振動性：水大主要的體驗爲動或靜止〕；火〔熱度：火大顯現爲熱或冷，或介於其間的任何溫度感，或者是和熱同時感受到的乾燥〕。

四念住、四念處（Satipatthana，Four Foundations of Mindfulness）：並非專注於任何所緣

都可以獲得禪那。你必須以某些特定的所緣來禪修。這些所緣必須要能促進無欲，並能揭露無常、苦、無我的眞相。念住於身（包括呼吸）；念住於受（身體的感受）；念住於心（念頭）；念住於法（心理活動的現象，特別是主要的無常、苦、無我）。

四禪（Fourth Jhana）：四禪的特質包括：純淨的念及平等心，念與定融合爲一，直接體認無常、苦、無我。

正定（Right Concentration）：正定（samma samadhi）是以五個禪那來定義和說明的。正念是定的必要和基礎。隨著禪那的進展，正念也逐漸增長。在第四禪時，正念由於平等心俱在而變得純淨。正念是正定的必要支柱。沒有正念的定是邪定。

正定vs.邪定（Right versus Wrong Concentration）：在八正道裡的定必須是正定，這和邪定是不同的。邪定裡沒有正念，你會對它產生執著。當你從邪定裡出來，由於沒有正念，你可能會以爲自己所經驗的是覺悟。

正念省思（Mindful Reflection）：觀照身心當下發生的事，包括經驗的深刻本質、想蘊對你的影響，以及對你未來的心會有何影響，有時也包括「對自己說話」。

正知（Sampajanna，Clear Comprehension）：正知是意識的清明，意思是在任何活動中、

在任何身體動作或任何感知中，保持完全醒覺及有意識，是對發生於身心的一切的向內監控。

正當的禪那（Right Jhana）：見「正定」（Right Concentration）。正念以及七覺支的其他支，都存在於「正當的禪那」的每一狀態。

正道（The Path）：八正道、八聖道。

【六劃】

光明（Luminosity，Light）：心是光明的，禪那就是你清楚看見這個光明的地方。「禪相」的體驗通常就是光。心充滿了美麗的光，你什麼都能看得清清楚楚。

全神貫注（Absorption）：禪那常見的一種翻譯。並不僅是全神貫注的狀態，你可以對任何事全神貫注，但禪那並不僅如此。禪那是透過思維某個特定對象而獲得，並且具有某些特定性質。

色界禪（Material Jhanas）：色界禪是超越我們平常認知、感官世界的四種經驗狀態，但仍與感官世界有些相關。

【七劃】

伺（Discursive thought）：伺、繫念的意思是「藉由推理或理論（而非直覺）導出結論」。在本書中，我們將念頭分為兩類：伺是一個概念導向另一個概念的多變念頭，就像是你腦袋裡經常聽見的喋喋不休。微細念頭則是非言語而直覺的。

似相（Counterpart Sign）：專注的對象本身叫作「取相」，意指某件用以學習的東西。禪修者注視著它，直到可以在心中回憶起它的樣子，此憶起的形相就叫作「似相」。禪修者在心中憶念這個似相，當作禪修所緣而進入禪那。

決意（Resolving）：決意是下決定按照預定時間留在禪那中的能力。你決意或決定要留在禪定中多久。這個能力在較低的禪那較弱，隨著較高的禪那而增長，是精熟禪那（禪定自在）的一部分。

邪定（Wrong Concentration）：邪定是沒有八正道的其他七個因素的全神貫注（定）；沒有它們，內觀便不會成功。因為你的禪那不具正念，因此你會執著於禪那狀態。你怎麼知道你的定是不是邪定？有一個線索是你完全沒有感受。只有在獲得最高禪那——滅受想定時，才會毫無感受。在那之前，你必定仍然有受和想。

【八劃】

取相（Learning Sign）：專注的對象本身叫作「遍作相」或「取相」，禪修者盯著它，直到能夠記住。記住的影像叫作「似相」。禪修者在心中憶持此「似相」，用來作爲禪修所緣以進入禪那。

念、正念（Mindfulness）：心的注意、認別的特質。

明亮的（Luminous）：指的是根本心的明亮和發光的本質。

空（Voidness）：事物流經過心，但不留痕跡。在失去裡看見空或虛空。這個字也指無色界禪的無所有。

空無邊（Infinite Space）：知覺無限空間，第五禪，一種覺知狀態，注意力從禪修所緣轉向此所緣原先所在的心理「空間」。

初禪（First Jhana）：初禪的特性包括：很少的一般念頭或感受、慈善及悲憫的微細念頭、喜悅、快樂、平等心〔捨〕、念及定。

近行定（Access Concentration）：從非禪那到禪那的轉換點，叫作近行定。只有在克服障礙後，才能獲得禪那。你在近行定的狀態擊敗並抑制障礙〔五蓋〕。

此時定力還不穩定，但你的心不斷嘗試，而這也越來越容易了。你在平靜專注與內在對話之間拉鋸，你的感官作用仍然開著，你和平常一樣聽得見也感覺得到，但是都隱退到背景去了。呼吸是主要的念頭，是個對象、東西，但並非唯一的專注點。還有熱切或高興的強烈感覺，有快樂、滿足、以及稱爲平等心的無所偏好的特殊狀態，雖然還很弱，但已經開始生起了。

阿毗達摩（Abhidhamma）：阿毗達摩〔論〕是上座部佛教對於禪修及其相關議題廣大的理論研討。

阿羅漢（Arahant）：出世間覺悟之道的第四個階位，對於物質存有的貪欲〔色貪〕完全沒有了。那產生自我的最終殘餘、以及對於四聖諦的最終微細無明，都從心中消除了。

非想非非想（Neither Perception nor Non-perception）：第八禪，一種覺知狀態，因爲太微細了而不能說是有想或無想。

【九劃】

信行人（Faith-follower）：在正道上以信爲主要修行工具、以信而證得覺悟的人。基於對三寶的深信，他走的是虔信的道路。如果他對三寶深信不疑，就能不必獲得任何世間禪那就證得入流。

怠惰昏沉（Sloth and Torpor）：傳統上對於瞌睡、懶散、心的遲鈍狀態之統稱。「睏倦瞌睡」是另一種常見的翻譯。

省察（Reviewing）：在「轉向」之後，立刻回顧省察禪那及其禪支的能力。你已經注意到禪支，現在則是刻意地省察它，是精熟禪那〔禪定自在〕的一部分。

苦（Dukkha）：受苦、不滿意；對於輪迴中一切經驗都具有某些苦的體悟。

毘缽舍那、內觀（Vipassana，Insight）：對於無常、苦、無我，直覺性的感知與了解。

涅槃（Nibbana）：字面的意思是「熄滅」，是修行佛陀教法的最高及最究竟目標，貪、瞋、癡及有貪的絕對止息。

【十一劃】

奢摩他、止（Samatha）：「奢摩他」這個字的意思是寧靜，和「三摩地」這個字幾乎可以交替使用。不過，奢摩他源於另一個字根，是變得平靜的意思。奢摩他和三摩地的定義都是「心一境性」，安定了騷動的情緒，創造了安詳或沉靜。奢摩他一定是良善的。

專注、定力（Concentration）：專注是把心的全部正面力量匯聚起來，融合成一道強大的力量，可以停在我們要它停留的一點上。

捨離（Abandoning）：捨棄不良善的習慣。

貪愛（Craving）：想要更多或更少的欲望。存在於世上的東西本身並不會自動引起你心裡的貪愛，但當你接觸到它們並且不如理作意時，結果就是貪愛。貪愛是不善根中最強的一個，是心底最深處的力量，餵養著結縛，受到對事物不明智思量的滋養。苦的起因就是貪愛。一旦去除了貪愛，苦也就去除了。

【十二劃】

喜悅（Joy）：我們習以爲常的一般世俗的物質喜悅，是從接觸到想要的東西而生起的。當你尋找並了知所有這些東西的無常、改變、消逝時，一種不同的喜悅生起了，稱爲「基於捨離的喜悅」。

尋／伺（Vitakka / Vicara）：尋稱爲尋念或尋思概念，以注意力控制一個念頭，就像是去敲一個鐘似的。

伺稱為繫念，是心在某個念頭上徘徊或來來去去。伺是在禪修所緣上的持續安住，就像是敲鐘之後的響或迴盪。

尋和伺在平常意識和初禪中都存在，但在初禪之上就沒有了。

惡意（Ill Will）：當你的動機不仁慈或有侵略性，即使只有一點點，也算是惡意。在那種狀況下，你無法欣賞任何事物或任何人的美。就像病人，因為味蕾受到影響而無法享用任何美食一樣。

無色界禪（Immaterial Jhanas）：無色界禪是和我們平常的認知／感官世界不太相關的四種狀態，稱為「無色」的禪那。如果加以編號，會是第五、第六、第七和第八禪，但通常各以不同名稱來稱呼。

無我（Anatta）：體悟到沒有一個「我」、也沒有任何緣生「事物」實質上獨立存在。一切表象上的「事物」都只是無常元素的暫時合成，一直持續不斷地變動著，而這變化有時是很微細的。

無所有（Nothingness）：知覺完全的空，第七禪。在第六禪，你安住於無邊之識；在第七禪，你將注意力轉向覺知到的無所有。

無常（Anicca，Impermanence）：對於一切事物都是生起滅去、其本質就是不斷變化的體悟。無常不僅是個名詞或概念而已，無常是眞實的，是實際體驗到的身心眞相，一切都在不斷變化著。我們的身體、心、以及感官世界裡的一切都在不斷地變化著。

無著（Non-stickiness）：心裡毫無黏著的狀態，一切都只是流過。

結、結縛（Fetters）：結是心裡的潛在煩惱，障礙的根源；結縛是根，障礙是枝葉。當我們的感官與感官對象及識接觸時，結縛就直接生起了。然後，結縛就在貪、瞋、癡三毒的土壤中生長壯大。

總共有十結：前五個叫作「五下分結」，後五個是「五上分結」。十結是：我見、疑、戒禁取、欲貪、瞋、色貪、無色貪、我慢、掉舉、無明。

【十三劃】

慈、慈愛（Metta）：具有慈愛特質的心之狀態，是「四梵住」之一。一種禪修方式，可以讓你對自己及一切眾生產生慈愛。

解脫（Liberation）：束縛的終結；釋放自由的狀態；涅槃。

遍作相（Preliminary Sign）：見「取相」（Learning Sign）。

遍處（Kasina）：遍處是作爲禪修專注對象的一個實物，傳統上是一個用以代表某種概念的圓狀物。遍處代表一種純粹的概念，是一切具此特質事物的本質。

【十四劃】

疑（Doubt）：五蓋之一。你必須以信心接受老師所說的任何話嗎？都不需自己求證或分析？不。但有些疑是很具毀滅性的：情緒的疑是對佛、僧及道德戒律的疑；理智的疑則是懷疑法的核心本質。

障礙、**蓋**（Hindrances）：阻礙禪定的因素。它們在道途上絆住你，阻礙你前進。巴利經典列出了最能使我們分心的五個有力障礙，稱之爲五蓋。它們干擾我們的專注，無論是在打坐時或下座後。五蓋是：感官欲望、惡意（瞋恨）、不安及憂慮、怠惰及昏沉、疑惑。在修定〔止禪〕時，我們將心專注於某個對象上以抑制這些障礙，如此而獲得世間禪那。

【十五劃】

慧行人（Wisdom-follower）：這種人獲得覺悟的主要工具是智慧。他全面地運用理智思考，他的主要工具是對法的深入了解。他的理智引導他趨向深刻無語的了解，眞正的智慧。他可以不必獲得禪那，只需藉由穿透性的觀智而獲得入流之道。

輪迴（Samsara）：生生死死；持續不斷地一再出生、以及隨之而有的受苦、老、病、死。

【十七劃】

禪那、禪定（Jhana）：禪那是一連串的心理狀態，隨著進展而越來越無實質。Jhana 這個字源於 jha（梵文 *dyai*），意思是「燃燒」「壓制」或「全神貫注」。禪那有時被當作禪修的通稱，但它有比較特定的意思。禪那意指一種深入、寧靜的禪修狀態，心的一種平衡狀態，此時無數良善的心理因素和諧地一起運作著，整體一致地讓心平靜、放鬆、沉著、安詳、平穩、柔軟、柔順、光明，以及平等安定。心在這種狀態時，念、精進、定、以及了解（慧）是統一的。所有這些因素就像一個團隊般地合作無間。

禪那這個名詞有兩個主要意思。第一個是世間禪，在此你將心專注於某個對象，將障礙抑制住以獲得色界禪；將心專注於概念以獲得無色界禪。第二個是出世間禪，在此你以出世間禪那見到一切事物的本質，而摧毀了結縛。

世間禪有兩類。第一類沒有名稱，只有編號，叫作初禪、二禪、三禪和四禪，這些是色界禪。獲得這些禪那的人，稱爲「今生快樂生活者」。第二類包括四種精細的意識狀態，沒有號碼，分別叫作空無邊處、識無邊處、無所有處、非想非非想處。之所以叫作無色界禪，是因爲這些禪那的所緣純粹是概念，完全不是物質。獲得這些禪那的人稱爲「解脫並住於安詳者」。

如此禪那又分爲四類：世間禪（與世間成就有關的禪那）；色界禪；無色界禪；出世間禪（終結重複生生死死的禪那）。前三類是保持輪迴的方法，最後一類則是終結輪迴的方法。

隱退於僻靜處、獨一靜處（Seclusion）：對禪那修行者來說，放下所有的工作、所有的人、所有關於家人的顧慮，是很重要的。換句話說，就是放下你平常的擔憂和不安。這是身體上的隔離，也是必要的。

但身體上的隔離還不夠，你還需要心理上的隱退。從執著解脫（離執），意思就是放下所有對於事物、人們、處境、以及經驗的執著。

【十八劃】

轉向（Adverting）：把心或注意力轉向某事。轉向的一種意思是指，在出定後把正念分明的注意力轉向一個個禪支的能力。這是精熟禪那〔禪定自在〕的一部分。

【十九劃】

識無邊（Infinite Awareness）：知覺無限之識，第六禪。在第五禪，你安住於心理「空間」，於此產生經驗，並且擴充體驗到無限；在第六禪，你安住於有此經驗的無邊之識。

【二十劃】

覺支（Factors of Enlightenment or Factors of Awakening）：見「三十七道品」。

覺知（Awareness）：有所知（例如：他對於自己的過失沒有覺知〔一無所知〕）。基本或無分別的意識狀態（例如：撞擊侵擾了他的覺知）。

覺悟的階位、出世間道的階位（Stages of the Supramundane Path）：據說覺悟的歷程有四個階位：入流〔預流果〕、一來果、不還果、阿羅漢。四個階位依此順序發生。每一階位標示著一個或幾個結縛的減少或去除。這些結縛去除的順序依個人的根性而定；信行人是一種順序，法行人又是另一種。每一階位都由道和果兩個階段組成。

橡樹林文化 ❖❖ 善知識系列 ❖❖ 書目

JB0001	狂喜之後	傑克・康菲爾德◎著	380 元
JB0002	抉擇未來	達賴喇嘛◎著	250 元
JB0003	佛性的遊戲	舒亞・達斯喇嘛◎著	300 元
JB0004	東方大日	邱陽・創巴仁波切◎著	300 元
JB0005	幸福的修煉	達賴喇嘛◎著	230 元
JB0006	與生命相約	一行禪師◎著	240 元
JB0007	森林中的法語	阿姜查◎著	320 元
JB0008	重讀釋迦牟尼	陳兵◎著	320 元
JB0009	你可以不生氣	一行禪師◎著	230 元
JB0010	禪修地圖	達賴喇嘛◎著	280 元
JB0011	你可以不怕死	一行禪師◎著	250 元
JB0012	平靜的第一堂課——觀呼吸	德寶法師 ◎著	260 元
JB0013	正念的奇蹟	一行禪師◎著	220 元
JB0014	觀照的奇蹟	一行禪師◎著	220 元
JB0015	阿姜查的禪修世界——戒	阿姜查◎著	220 元
JB0016	阿姜查的禪修世界——定	阿姜查◎著	250 元
JB0017	阿姜查的禪修世界——慧	阿姜查◎著	230 元
JB0018X	遠離四種執著	究給・企千仁波切◎著	280 元
JB0019	禪者的初心	鈴木俊隆◎著	220 元
JB0020X	心的導引	薩姜・米龐仁波切◎著	240 元
JB0021X	佛陀的聖弟子傳 1	向智長老◎著	240 元
JB0022	佛陀的聖弟子傳 2	向智長老◎著	200 元
JB0023	佛陀的聖弟子傳 3	向智長老◎著	200 元
JB0024	佛陀的聖弟子傳 4	向智長老◎著	260 元
JB0025	正念的四個練習	喜戒禪師◎著	260 元
JB0026	遇見藥師佛	堪千創古仁波切◎著	270 元
JB0027	見佛殺佛	一行禪師◎著	220 元
JB0028	無常	阿姜查◎著	220 元
JB0029	覺悟勇士	邱陽・創巴仁波切◎著	230 元
JB0030	正念之道	向智長老◎著	280 元

JB0031	師父——與阿姜查共處的歲月	保羅・布里特◎著	260 元
JB0032	統御你的世界	薩姜・米龐仁波切◎著	240 元
JB0033	親近釋迦牟尼佛	髻智比丘◎著	430 元
JB0034	藏傳佛教的第一堂課	卡盧仁波切◎著	300 元
JB0035	拙火之樂	圖敦・耶喜喇嘛◎著	280 元
JB0036	心與科學的交會	亞瑟・札炯克◎著	330 元
JB0037	你可以，愛	一行禪師◎著	220 元
JB0038	專注力	B・艾倫・華勒士◎著	250 元
JB0039	輪迴的故事	慈誠羅珠堪布◎著	270 元
JB0040	成佛的藍圖	堪千創古仁波切◎著	270 元
JB0041	事情並非總是如此	鈴木俊隆禪師◎著	240 元
JB0042	祈禱的力量	一行禪師◎著	250 元
JB0043	培養慈悲心	圖丹・卻准◎著	320 元
JB0044	當光亮照破黑暗	達賴喇嘛◎著	300 元
JB0045	覺照在當下	優婆夷　紀・那那蓉◎著	300 元
JB0046	大手印暨觀音儀軌修法	卡盧仁波切◎著	340 元
JB0047X	蔣貢康楚閉關手冊	蔣貢康楚羅卓泰耶◎著	260 元
JB0048	開始學習禪修	凱薩琳・麥唐諾◎著	300 元
JB0049	我可以這樣改變人生	堪布慈囊仁波切◎著	250 元
JB0050	不生氣的生活	W. 伐札梅諦◎著	250 元
JB0051	智慧明光：《心經》	堪布慈囊仁波切◎著	250 元
JB0052	一心走路	一行禪師◎著	280 元
JB0054	觀世音菩薩妙明教示	堪布慈囊仁波切◎著	350 元
JB0055	世界心精華寶	貝瑪仁增仁波切◎著	280 元
JB0056	到達心靈的彼岸	堪千・阿貝仁波切◎著	220 元
JB0057	慈心禪	慈濟瓦法師◎著	230 元
JB0058	慈悲與智見	達賴喇嘛◎著	320 元
JB0059	親愛的喇嘛梭巴	喇嘛梭巴仁波切◎著	320 元
JB0060	轉心	蔣康祖古仁波切◎著	260 元
JB0061	遇見上師之後	詹杜固仁波切◎著	320 元
JB0062	白話《菩提道次第廣論》	宗喀巴大師◎著	500 元
JB0063	離死之心	竹慶本樂仁波切◎著	400 元
JB0064	生命真正的力量	一行禪師◎著	280 元

JB0065	夢瑜伽與自然光的修習	南開諾布仁波切◎著	280元
JB0066	實證佛教導論	呂真觀◎著	500元
JB0067	最勇敢的女性菩薩——綠度母	堪布慈囊仁波切◎著	350元
JB0068	建設淨土——《阿彌陀經》禪解	一行禪師◎著	240元
JB0069	接觸大地——與佛陀的親密對話	一行禪師◎著	220元
JB0070	安住於清淨自性中	達賴喇嘛◎著	480元
JB0071/72	菩薩行的祕密【上下冊】	佛子希瓦拉◎著	799元
JB0073	穿越六道輪迴之旅	德洛達娃多瑪◎著	280元
JB0074	突破修道上的唯物	邱陽·創巴仁波切◎著	320元
JB0075	生死的幻覺	白瑪格桑仁波切◎著	380元
JB0076	如何修觀音	堪布慈囊仁波切◎著	260元
JB0077	死亡的藝術	波卡仁波切◎著	250元
JB0078	見之道	根松仁波切◎著	330元
JB0079	彩虹丹青	祖古·烏金仁波切◎著	340元
JB0080	我的極樂大願	卓千拉貢仁波切◎著	260元
JB0081	再捻佛語妙花	祖古·烏金仁波切◎著	250元

橡樹林文化 ❖❖ 成就者傳記系列 ❖❖ 書目

JS0001	惹瓊巴傳	堪千創古仁波切◎著	260元
JS0002	曼達拉娃佛母傳	喇嘛卻南、桑傑·康卓◎英譯	350元
JS0003	伊喜·措嘉佛母傳	嘉華·蔣秋、南開·寧波◎伏藏書錄	400元

橡樹林文化 ❖❖ 蓮師文集系列 ❖❖ 書目

JA0001	空行法教	伊喜·措嘉佛母輯錄付藏	260元
JA0002	蓮師傳	伊喜·措嘉記錄撰寫	380元
JA0003	蓮師心要建言	艾瑞克·貝瑪·昆桑◎藏譯英	350元
JA0004	白蓮花	蔣貢米龐仁波切◎著	260元

善知識系列　JB0082

進入禪定的第一堂課：超越觀呼吸

作　　　者／德寶法師
譯　　　者／施郁芬
編　　　輯／劉昱伶
業　　　務／顏宏紋

總　編　輯／張嘉芳
出　　　版／橡樹林文化
城邦文化事業股份有限公司
台北市民生東路二段 141 號 5 樓
電話：(02)25007696　傳眞：(02)25001951
發　　　行／英屬蓋曼群島家庭傳媒股份有限公司城邦分公司
台北市民生東路二段 141 號 5 樓
書虫客服服務專線：(02)25007718；(02)25007719
24 小時傳眞專線：(02)25001990；(02)25001991
服務時間：週一至週五上午 09:30-12:00；下午 1:30-17:00
劃撥帳號：19863813；戶名：書虫股份有限公司
讀者服務信箱：service@readingclub.com.tw
城邦讀書花園網址：ww.cite.com.tw
香港發行所／城邦（香港）出版集團有限公司
香港灣仔駱克道 193 號東超商業中心 1 樓
電話：(852)25086231　傳眞：(852)25789337
E-mail：hkcite@biznetvigator.com
馬新發行所／城邦 (馬新) 出版集團【Cité (M) Sdn.Bhd. (458372 U)】
41, Jalan Radin Anum, Bandar Baru Sri Petaling,
57000 Kuala Lumpur, Malaysia.
Tel: (603) 90563833
Fax:(603) 90576622
email:services@cite.my

版面構成／歐陽碧智
封面設計／周家瑤
印　　刷／韋懋實業有限公司

初版一刷／ 2012 年 6 月
初版六刷／ 2023 年 4 月
ISBN ／ 978-986-6409-38-7
定價／ 300 元

國家圖書館出版品預行編目資料

進入禪定的第一堂課：超越觀呼吸 / 德寶法師
(Bhante Henepola Gunaratana) 著；施郁芬譯 .
-- 初版 . -- 臺北市：橡樹林文化出版：家庭傳媒
城邦分公司發行 , 2012.06
面； 公分 . --（善知識系列；JB0082）
譯自：Beyond mindfulness in plain English : an
introductory guide to deeper states of
meditation
ISBN 978-986-6409-38-7（平裝）

1. 佛教修持

225.7 101011320